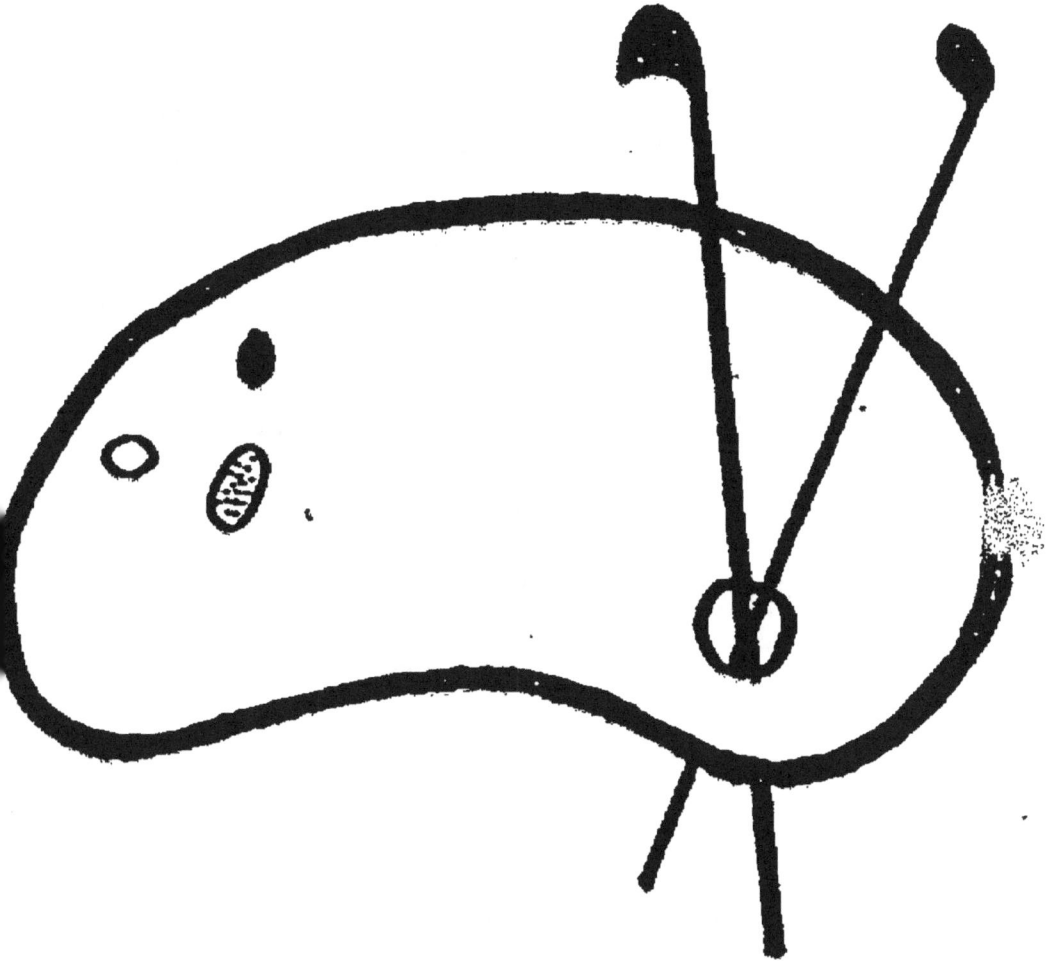

COUVERTURE SUPERIEURE ET INFERIEURE
EN COULEUR

CENTENAIRE DE 1789

LE QUERCY

En 1889

COMPTE RENDU

DES TRAVAUX DE

L'ASSEMBLÉE PROVINCIALE REPRÉSENTATIVE

DU QUERCY

Tenue à Cahors les 3, 4 et 5 juin 1889.

SE TROUVE

IMPRIMERIE SAINT-CYPRIEN

27, ALLÉES DE GARONNE, 27

TOULOUSE

—

1889

LE

QUERCY

EN 1889

CENTENAIRE DE 1789

LE QUERCY

En 1889

COMPTE RENDU

DES TRAVAUX DE

L'ASSEMBLÉE PROVINCIALE REPRÉSENTATIVE

DU QUERCY

Tenue à Cahors les 3, 4 et 5 juin 1889.

SE TROUVE

IMPRIMERIE SAINT-CYPRIEN

27, ALLÉES DE GARONNE, 27

TOULOUSE

—

1889

AVANT-PROPOS

La Révolution a fait une banqueroute à peu près complète à ses promesses, c'est presque un lieu commun de le rappeler ; et si, depuis cent ans, beaucoup de progrès se sont réalisés dont elle n'est pas la cause, nous sommes plus divisés, plus désorganisés que nos pères et plus incapables qu'eux de nous relever.

Les hommes qui sentent encore battre leur cœur au souvenir des généreuses aspirations de 1789, ceux qui ne veulent pas douter de la France et qui la placent au-dessus des ambitions et des compétitions des partis, ceux enfin qui croient qu'on peut encore grouper les Français sur un programme commun de réformes et de liberté, et préparer non pas une réaction, mais l'aurore du vingtième siècle, ont conçu le projet de reprendre le mouvement de 89, de faire une enquête sur notre état social, de réunir les hommes de bonne volonté, et, comme les députés-électeurs de 1789, de dresser le cahier de leurs doléances et de formuler les vœux qui seront le programme de la reconstitution et de l'union nationales.

Cette œuvre, entreprise partout, s'est réalisée avec un succès vraiment inespéré dans notre vieux Quercy, et l'importance des travaux de notre Assemblée provinciale, la maturité, la modération, la sagesse avec lesquelles toutes les questions soulevées ont été abordées, discutées et résolues, ont fait penser à un grand nombre de ses membres qu'il serait utile de conserver aux contemporains le souvenir de ces belles réunions et de prouver à nos descendants qu'en 1889 il s'est trouvé des hommes de cœur, dignes de leurs pères de 1789, dignes d'une France plus libre et plus prospère, qui n'ont désespéré ni de la Patrie, ni d'eux-mêmes.

Telle est l'origine de ce compte rendu. Rien ne saurait mieux résumer son contenu que la lettre suivante, lancée par la commission d'organisation dans toute la province :

CENTENAIRE DE 1789

ASSEMBLÉE PROVINCIALE
Représentative
DU QUERCY

Cahors, le 18 avril 1889.

MONSIEUR,

Le mouvement de 1789, dont on va célébrer le centenaire, est le point de départ d'une révolution complète dans l'organisation sociale de la France.

Les graves abus de l'ancien régime avaient produit de lourdes souffrances et réclamaient de vastes réformes.

Pour mieux les accomplir, le gouvernement royal fit appel au pays, et, en convoquant les États généraux, provoqua la rédaction de cahiers, dans lesquels toutes les classes de la société exprimèrent librement leurs vœux et doléances.

A-t-il été tenu compte de ces doléances et de ces vœux ?

Si de nombreux abus ont été supprimés, d'autres ont pris leur place. Le mouvement de 1789, dénaturé, détourné de la voie tracée par les cahiers, et dirigé suivant les principes rationalistes, aboutit à un bouleversement complet, en imposant une Révolution à une nation qui ne voulait que des réformes.

Aussi, la situation du pays est-elle compromise, les intérêts moraux et religieux sont foulés aux pieds, l'instabilité politique semble être devenue la loi de notre gouvernement; une centralisation excessive, contraire à la pratique de tous les peuples prospères, substitue la bureaucratie à l'effort personnel des hommes de bien désireux de se dévouer à la chose publique.

La justice ne s'obtient qu'à grands frais, et ses représentants, privés des antiques garanties de leur indépendance, sentent diminuer leur prestige et leur autorité; les finances sont dilapidées.

L'industrie, le commerce, l'agriculture font entendre des plaintes universelles, des grèves fréquentes compromettent la sécurité publique et sont un indice de l'état d'antagonisme aigu qui dévore le monde du travail.

En face d'une telle situation, et pour célébrer utilement, dans ce grand anniversaire de 1789, tout ce qu'il y avait de généreux, de légitime et de sage dans les réformes proposées, ne convient-il pas d'imiter nos pères, de suivre la voie qu'ils nous ont tracée? N'est-il pas urgent de rechercher, à leur exemple, quelles sont les causes de la désorganisation sociale?

Ce que le pouvoir public ne veut pas faire, faisons-le, rédigeons un cahier de doléances et de vœux.

Ce mouvement, commencé par l'assemblée commémorative de Romans, en novembre dernier, poursuivi à Montpellier et à Poitiers, sera continué dans toutes les provinces de France.

Nous venons donc vous proposer de prendre part à une assemblée provinciale du Quercy qui, à l'instar de l'assemblée des sénéchaussées du Quercy, ouverte à Cahors le 16 mars 1789, aura lieu les 3, 4 et 5 juin prochain, dans la même ville.

Descendants de députés-électeurs de l'assemblée de 1789, nous sommes heureux de nous joindre aux membres de la Commission d'organisation, et nous espérons que vous répondrez à notre appel et que vous apporterez à notre assemblée le fruit de votre expérience et de vos lumières.

Une vaste enquête, déjà faite en 1888, dans tous les milieux sociaux, sur la situation actuelle de notre société, a produit dans notre province cent soixante dépositions.

L'assemblée provinciale aura pour but de condenser les résultats de cette enquête et de donner aux doléances et aux vœux qui en découlent l'autorité de délibérations prises en commun par les intéressés dans une grande assemblée.

L'assemblée doit représenter, non des communes, des cantons ou des arrondissements, mais des intérêts. — Les personnes qui y prendront part seront donc réparties en quatre Chambres, correspondant aux diverses catégories d'intérêts.

1re CHAMBRE. — Des intérêts moraux et religieux (religion, famille, mœurs, enseignement, assistance publique).

2e CHAMBRE. — Des intérêts publics (administration, magistrature, armée).

3e CHAMBRE. — Des intérêts agricoles.

4e CHAMBRE. — Des intérêts commerciaux et industriels.

Ces quatre chambres se réuniront d'abord séparément pour établir les doléances et les vœux correspondant aux intérêts dont elles sont respectivement les organes.

L'assemblée, en réunion plénière, sanctionnera par son vote ces doléances et ces vœux dont l'ensemble formera le Cahier de la province de Quercy, et nommera les délégués à l'assemblée générale de Paris.

Le travail des chambres sera préparé à l'avance par un avant-projet de vœux et de doléances, rédigé par les soins de la commission provinciale d'organisation, qui sera envoyé à tous les futurs membres de l'assemblée pour provoquer leurs observations et leurs amendements. C'est d'après ces observations que sera rédigé le projet définitif de Cahiers à présenter aux délibérations de chaque chambre au moment de l'assemblée.

Une grande assemblée générale à Paris, du 24 au 27 juin prochain, réunira tous les délégués des provinces et résumera en un Cahier unique, auquel sera donné la plus grande publicité, les doléances et vœux de la France laborieuse.

Veuillez agréer, monsieur, l'assurance de notre considération la plus distinguée.

D'ANTIN TOURNIER, Cte DE VAILLAC, agriculteur.
Vte B. D'ARMAGNAC.
L. AYRAL, avocat, ancien magistrat.
G. BARDON.

L. DE BELLERIVE.
GASTON DE BERCEGOL DE LISLE.
E. BESSIÈRES, agriculteur.
PH. DE BLAVIEL, agriculteur.
A. DE BLAVIEL, agriculteur.

A. BOÉ, docteur-médecin.

A. DU BOUZET, agriculteur.

R. DE BOYSSON, ancien officier, ancien receveur des finances.

G. DE BRIANCE, agriculteur.

J. BRUN, docteur-médecin.

G. BRUNEL.

G. CALMELS D'ARTINSAC, membre de la Commission d'organisation. Thégra, par Gramat.

CH. CANGARDEL, banquier.

Mis DE CARDAILLAC, agriculteur.

H. CAZALS, avocat.

CHANTELOUVE, négociant, membre de la Commission d'organisation.

G. CHATINIÈRES, avocat, membre de la Commission d'organisation. Castelsarrazin.

Cte L. DE CHAUNAC-LANZAC, ancien magistrat.

R. DE CHÊNEMOIREAU, ancien officier, membre de la Commission d'organisation. Cahors.

Bon DE CRUZY.

S. DELBREIL, avoué.

C. DELVOLVÉ, avocat.

ET. DEPEYRE, avocat.

A. DE DRÈME, agriculteur.

P. DUGÉS, notaire.

J. DUGUÉ, avocat, membre de la Commission d'organisation. Moissac.

A. DUNOYER, agriculteur.

Vte DE FERRON, ancien officier de marine, membre de la Commission d'organisation.

J. DE FLAUJAC, agriculteur.

DE FOLMONT.

A. DE GAULÉJAC, agriculteur.

Vte DE GIRONDE.

A. DE GOZON, agriculteur.

A. DE GRANSAULT-LACOSTE, agriculteur.

J. GRAS, officier d'artillerie démissionnaire.

A. GRAS, agriculteur.

GUICHES, ancien percepteur.

E. GUYOT DE CAMY, agriculteur.

A. GUYOT DE CAMY, conseiller d'arrondissement, agriculteur.

A. DE JAUFFREAU DE LAGÉRIE, ancien conseiller à la Cour d'appel de Pau.

Bon A. DE LABURGARDE DE BELMONT, ancien capitaine démissionnaire, agriculteur.

E. LACARRIÈRE, avocat.

B. DE LA GARDE, agriculteur.

DE LAGARDELLE DE MALHERBE, agriculteur.

L. LAPIERRE, avocat, membre de la Commission d'organisation. Montauban.

C. DE LAPIZE DE LA PANNONIE, agriculteur.

J. LOURADOUR, agriculteur.

G. DE MARTIN DE BELLERIVE.

B. DE MATERRE DE CHAUFOUR.

Bon M. DE MAYNARD, membre de la Commission d'organisation. Copeyre, par Martel.

C. MIRAMON, avocat.

DE MONÈS, Dir. d'assurances.

Vte CH. DE MONTMAUR, agriculteur.

P. DE NUCÉ, docteur-médecin.

G. PAGÈS DU PORT, avocat à la Cour de Paris.

G. DE PASCAL, missionnaire apostolique.

CH. PÉLISSIÉ DE CASTRO.

DE POUZARGUES, agriculteur.

A. DE ROALDÉS.

G. ROLLAND, agriculteur.

Mis DE SAINT-EXUPÉRY, agriculteur.

Vte DE SAINT-FÉLIX, membre de la Commission d'organisation. Castelsarrasin.

J. DE SÉVÉRAC, agriculteur.

Bon DE SCORBIAC.

G. DE SCORBIAC.

J. DE SCORBIAC, conseiller général, Commandeur de Saint-Grégoire-le-Grand.

ET. DE SCORBIAC, Comm. de Saint-Grégoire-le-Grand.

H. TOURNAMILLE, ancien magistrat.

A. TOURNAMILLE, agriculteur.

Cte DE VASSAL.

R. D'WELLES, ingénieur, président de la Commission d'organisation.

LE QUERCY EN 1889

PREMIÈRE PARTIE

Réunions préparatoires.

MESSE DU SAINT-ESPRIT

Reconnaissant Dieu comme souverain maître et créateur des nations comme des individus, les membres de l'assemblée provinciale ont tenu à appeler les lumières divines sur leurs travaux.

L'assemblée a donc commencé par une Messe du Saint-Esprit dite dans le chœur de la cathédrale de Cahors, par M. l'abbé de BLAVIEL, vicaire général, délégué par S. G. Monseigneur de Cahors en tournée pastorale.

A l'Evangile, le vénérable célébrant a prononcé une émouvante allocution sur l'œuvre de restauration sociale chrétienne qu'allait préparer l'assemblée. *Omnis potestas à Deo* : tout pouvoir, vient de Dieu, telle a été sa première parole. Si l'on veut constituer une société stable, une autorité forte, il faut les établir sur Dieu, et il faut qu'il règne dans les conseils de la nation, dans nos consciences et qu'Il inspire nos actes et gouverne notre vie.

Dans le chœur, le clergé de Cahors était représenté par ses membres les plus considérables, tandis que dans la nef figuraient de nombreux assistants.

PREMIÈRE RÉUNION PLÉNIÈRE

SÉANCE D'OUVERTURE

CONSTITUTIVE

A une heure et demie, dans la salle des Variétés, a eu lieu la première réunion plénière.

Devant un important auditoire, le président de la Commission d'organisation, M. Robert d'WELLES, prononce les paroles suivantes :

« MESSIEURS,

« Les pouvoirs de la Commission d'organisation prennent fin à l'heure ou les vôtres vont commencer.

« Cependant, avant de se séparer, elle a un dernier devoir à remplir, celui de vous constituer, en vous fournissant le moyen de former rapidement le Bureau qui va présider à votre existence de trois journées.

« Et d'abord, elle vous propose d'acclamer comme président d'honneur un homme dont la famille a été jadis une gloire pour le Quercy et qui est resté profondément attaché à sa province d'origine, ainsi que ses lettres en font foi. J'ai nommé M. le Vte de GONTAUT-BIRON, ancien député, celui-là même auquel fut confiée, dans les circonstances douloureuses que vous savez, la délicate mission de représenter la France à Berlin, auprès d'un implacable vainqueur.

« Si vous acceptez cette proposition, messieurs, nous enverrons à M. le Vte de GONTAUT-BIRON un télégramme pour lui communiquer votre vote et nous pouvons vous assurer qu'il répondra favorablement (adhésions unanimes et applaudissements).

« Comme président effectif, nous croyons répondre au vœu de tous en vous désignant M. le Vte Bernard d'ARMAGNAC. Dans ma bouche, un éloge de cet intrépide chevalier de toutes les grandes et saintes causes, serait un amoindrissement. Il suffit de le nommer pour qu'il recueille tous les suffrages. (L'assemblée accepte à l'unanimité avec applaudissements.)

« Nous vous demandons d'appeler à la vice-présidence le R. P. DE PASCAL un enfant du Quercy, descendant d'un député-électeur de 1789, qui arrive de Paris pour prendre part à l'assemblée de sa chère province et lui apporter le concours d'une admirable parole et d'une science profonde (applaudissements et adhésion).

« En appelant M. Scipion DELBREIL à occuper l'autre fauteuil de vice-président, messieurs, vous rendrez hommage à la fois à la mémoire des députés-électeurs de 1789, dans la personne d'un de leurs descendants — comme vous venez déjà de le faire pour le P. DE PASCAL — et à une vie toute de loyauté et de dignité professionnelles, qui a été un modèle de respect à la tradition et sera pour ses enfants un inappréciable titre d'honneur (Bravos répétés).

« Les fonctions de secrétaire sont partout dévolues aux plus jeunes ; mais, dans une assemblée comme la nôtre, elles demandent des jeunes chez lesquels, comme dit le poète,

La valeur n'attend pas le nombre des années,

et nous croyons atteindre ce but, messieurs, en vous proposant MM. Étienne DEPEYRE et Marc de MAYNARD, tous deux descendants de députés-électeurs ; l'un d'eux, avocat et orateur de talent, joint à ses mérites personnels l'honneur de porter le nom d'un de vos compatriotes qui a été, dans ces temps troublés, comme garde de sceaux, l'un de nos derniers vrais ministres de la justice (applaudissements). L'autre, agriculteur distingué, a mis dans le Haut-Quercy, au service de la préparation de cette assemblée, une intelligence, un zèle, une activité absolument au-dessus de tout éloge (applaudissements et adhésion).

« Votre bureau, messieurs, est donc ainsi constitué ;

« Président d'honneur : M. le Vicomte de GONTAUT-BIRON.

« Président : Vicomte Bernard d'ARMAGNAC,

« Vice-présidents : R. P. de PASCAL et Scipion DELBREIL,

« Secrétaires : Etienne DEPEYRE et M. de MAYNARD.

« En conséquence, je déclare l'assemblée provinciale du Quercy régulièrement constituée.

« Je tiens cependant, messieurs, avant de quitter cette place, à laquelle le hasard m'a appelé, à vous remercier, au nom de la Commission d'organisation et au mien, de la bienveillante indulgence avec laquelle vous nous avez acceptés, écoutés et suivis jusqu'ici, dans cette belle assemblée qui marquera, j'en suis sûr, comme une des manifestations les plus spontanées, les plus généreusement patriotiques qu'aient provoquées et le Centenaire de 1789 et une confiance invincible dans les glorieuses destinées de la patrie française (applaudissements). »

En prenant possession du fauteuil de la présidence, M. d'ARMAGNAC remercie en son nom et au nom de ses collègues, l'assemblée du témoignage de confiance qu'elle vient de leur donner et remet à la séance du soir son discours d'ouverture.

Il invite les membres de l'assemblée à se rendre dans les locaux de leurs chambres respectives, à y constituer leurs bureaux et à se mettre sans retard au travail.

La séance est levée à 2 heures 1/2.

DEUXIÈME PARTIE

Réunions particulières des Chambres.

PREMIÈRE CHAMBRE

INTÉRÊTS MORAUX ET RELIGIEUX

PREMIÈRE SÉANCE
3 juin 1889.

Le lundi 3 juin 1889, à 2 heures de l'après-midi, la première Chambre s'est réunie dans les salons que M. Etienne DEPEYRE avait bien voulu mettre à la disposition de l'assemblée. Étaient présents : M. le vicaire-général de BLAVIEL ; M. le grand-vicaire MAURY, doyen du Chapitre de la cathédrale ; M. BELVÈS, archiprêtre de la cathédrale ; M. le chanoine ALDESSARD ; MM. les Curés de Saint-Barthélemy, de Saint-Urcisse, de Notre-Dame ; M. l'abbé de ROALDÈS, aumônier du Lycée ; MM. CLERGEAUD, ancien magistrat ; de BERCEGOL ; GUICHES ; VIALÈTES D'AIGNAN ; MM. les docteurs CONSTANS, AUTEFAGE, et un grand nombre d'ecclésiastiques et de laïcs.

Sur la proposition de la Commission d'organisation, la Chambre constitue ainsi son bureau :

Président : M. le vicaire-général de BLAVIEL ;
Vice-Président : M. CLERGEAUD ;
Secrétaire : M. René de CHÊNEMOIREAU.

Intérêts religieux.

La parole a été donnée au R. P. de PASCAL, rapporteur de la première Chambre, qui donne lecture de la partie de son rapport concernant les intérêts religieux.

Dans un rapide exposé historique, le Rapporteur montre l'Église spoliée et proscrite par la révolution; rétablie par le Concordat dans une situation acceptable, à condition d'être loyalement observée, mais bien loin d'être l'idéal des rapports de l'Église et de l'État. « Maintenant, dit-il, nous marchons à la rupture du Concordat, et la rupture serait déjà faite si le gouvernement ne craignait un réveil des catholiques. Les catastrophes ne sont pas éternelles. Que devrait faire, en face de la situation actuelle de l'Église, un gouvernement réparateur? Le but à atteindre, c'est l'Église libre dans l'État chrétiennement constitué. »

Après la lecture de ce rapport, très hardi et très énergique, la discussion est ouverte sur l'exposé de M. le Rapporteur.

M. le Président manifeste le désir qu'on ne se montre pas exigeant en revendiquant les droits de l'Église, mais qu'on se borne à présenter les vœux que l'état de l'opinion publique rend immédiatement réalisables. La société est malade; elle ne saurait supporter la plénitude de la vérité. Il faut ménager sa faiblesse, et puisque nous sommes dehors et que nous demandons à entrer, il ne faut pas effaroucher ceux qui gardent la porte.

MM. de BERCEGOL, GUICHES et CLERGEAUD insistent sur la nécessité d'affirmer les principes. Tout ce qui est juste est bon à dire; s'il est prudent de ménager l'opinion, il est nécessaire de la réveiller. Et si on ne fait briller la vérité à ses yeux pour la tirer de sa torpeur, elle ne s'éveillera jamais. Si on ne la tire pour la faire marcher, elle n'avancera pas.

Après une discussion animée, dans laquelle MM. les Ecclésiastiques soutiennent en général le parti de la modération contre les revendications plus accentuées des laïcs, l'opinion de M. le Président, fortement motivée, prévaut dans la Chambre. On retranche du rapport l'exposé d'un projet de Concordat, présenté en 1848 au Comité des cultes de l'Assemblée constituante, par M. Pradié, secrétaire du Comité, parce que ce remarquable travail pourrait décourager le public en lui présentant un idéal irréalisable.

Sur une autre partie du rapport, parlant de « l'impossibilité de posséder » imposée par le Concordat à l'Église, M. le Président fait remarquer que cette impossibilité n'est pas absolue, et la Chambre y substitue l'expression « de grande difficulté » qui est plus modérée et plus exacte.

Sous le bénéfice de ces modifications, le rapport est adopté, et l'on passe à la discussion des doléances et vœux.

1. — Les droits positifs établis par le Concordat sont méconnus.
2. — Les droits des catholiques, au point de vue de la liberté et du droit commun, sont violés.
3. — Les articles organiques servent d'instrument d'oppression.
4. — Le budget des cultes est dénaturé.
5. — L'Église a une grande difficulté pour acquérir et posséder.

En de telles conditions, la lutte pour la religion est difficile, et, malgré les plus grands efforts, la foi s'affaiblit dans l'ensemble.

Les doléances ci-dessus sont adoptées sans discussion.

Le premier et le deuxième vœu sont adoptés sans observations :

1. — L'obligation du repos dominical.
2. — Le respect et l'application loyale du Concordat dans le sens le plus étendu.

A l'occasion du troisième vœu qui demande la révision des articles organiques, un membre propose la suppression pure et simple de ces articles qui n'ont jamais été approuvés par l'Église. On fait remarquer que quelques-uns de ces articles sont acceptables et ont été en fait acceptés, et le mot *révision* est maintenu :

3. — La révision des articles organiques dans un sens largement conforme à l'esprit et à la lettre du Concordat.

Les quatrième et cinquième vœux sont adoptés sans discussion :

4. — La liberté d'association religieuse, absolument nécessaire à l'accomplissement et à la mission de l'Église.
5. — La liberté pour l'Église et les Associations catholiques, et dans une mesure fixée d'accord avec le Saint-Siège, d'acquérir et de posséder.

Sur le sixième vœu, M. le grand vicaire MAURY fait remarquer que le paragraphe demandant l'inscription de la dotation au grand livre de la dette publique semble inférer que l'Église ne pourra posséder que des rentes, et exclut la dotation en biens-fonds. Sur cette observation, le paragraphe est retranché, et le vœu ainsi adopté :

6. — Le remplacement du budget des cultes par une dotation fixe.

Intérêts pédagogiques.

La Chambre passe ensuite à la lecture du rapport sur l'éducation.

Le rapport s'élève principalement contre la prétention de l'Etat d'être l'éducateur universel.

L'éducation est la suite naturelle et le développement de la génération, et, comme telle, elle appartient essentiellement au père. L'Eglise n'a jamais prétendu porter atteinte à cette autorité. Son monopole ne s'exerça jamais que sur l'enseignement religieux et dogmatique, dont elle a la garde et la mission. Les maîtres n'enseignaient que ce que les pères croyaient et voulaient transmettre à leurs enfants; ils suppléaient les pères, ils ne les remplaçaient pas. La Révolution a dit : « L'enfant est à l'Etat », et c'est l'Etat qui choisit la personne et l'enseignement du maître auquel il oblige les pères à confier leurs enfants. L'Etat devient ainsi, comme l'a dit brutalement M. Jules Ferry, le « père de famille universel ». Voilà la prétention monstrueuse que nous devons repousser de toutes nos forces.

Le rapport est adopté à l'unanimité ainsi que les doléances :

1. — L'Etat exerce une véritable oppression sur la liberté des pères de famille.
2. — L'Etat, s'arrogeant la mission d'enseigner, se procure en fait, par un emploi injuste des fonds publics, un monopole dont il fait un regrettable usage.
3. — La prétendue liberté laissée à l'enseignement *privé* est altérée par l'arbitraire et les exigences injustifiées de l'administration.

On passe à la discussion des vœux.

Le premier vœu, demandant l'abrogation des lois scolaires, est adopté *sans observation* :

1. — L'abrogation des lois scolaires qui portent atteinte à la liberté des pères de famille et à la liberté de l'Eglise.

Le deuxième vœu, dans le projet de cahiers, demande la suppression, non seulement du monopole de l'Etat, mais de l'enseignement même par l'Etat, qui ne doit plus intervenir que par voie de contrôle ou de subventions, dans des cas nettement déterminés.

Sur cet article, M. le docteur CONSTANS demande la liberté d'enseignement pour tout le monde. L'État a le droit, lui aussi, d'ouvrir des écoles pour les enfants que les pères de famille veulent lui confier. Il suffit qu'il n'existe pas de monopole.

M. le Vice-Président CLERGEAUD répond que l'enseignement ne rentre pas dans les attributions de l'État. Qu'il se borne à son rôle de surveillant, de régulateur social. Qu'il protège l'éducation comme il protège la famille ; qu'il en assure le libre jeu sans prétendre la remplacer. En principe, l'État ne doit agir par lui-même que lorsque les institutions libres sont insuffisantes ou inaptes à pourvoir aux services publics, ce qui implique pour l'État la faculté de se réserver le monopole de l'enseignement technique spécial pour les armées de terre et de mer.

On propose la refonte du vœu, et, sans parler du droit de l'État, on convient de se borner à réclamer la suppression du monopole patent, avoué ou déguisé, et à demander que la loi autorise la création d'universités autonomes, régionales, indépendantes de l'État pour leur administration, leurs programmes et leur recrutement. Après un échange d'observations, le vœu est ainsi rédigé :

9. — Une juste liberté d'enseignement. En conséquence, que le rôle de l'État soit ramené à ses vraies limites de surveillance et de protection ; que l'on reconnaisse le droit des parents de choisir pour leurs enfants l'école et le genre d'enseignement qui leur conviennent ; que l'on puisse établir des universités régionales, autonomes, indépendantes de l'État pour leur administration, leurs programmes, leur recrutement.

Le troisième vœu du projet demande que toute juridiction, en matière d'enseignement, soit abolie et remplacée par les tribunaux ordinaires. M. le président de BLAVIEL remarque que les tribunaux ordinaires ne peuvent être compétents pour toutes les questions d'enseignement, et qu'il faut maintenir les tribunaux scolaires en leur demandant des garanties sérieuses d'indépendance. Le vœu sera modifié en ce sens et discuté à la prochaine séance.

Un vœu supplémentaire est proposé par le Frère BEL, directeur de l'école libre à Montcuq : les bourses et autres secours accordés par l'État, les départements et les communes, sont exclusivement affectés aux établissements de l'État qui exerce par ce moyen une pression en faveur de l'enseignement officiel. Il serait plus conforme au principe de liberté des pères de famille, de laisser aux familles secourues le choix des écoles où elles veulent faire élever leurs enfants.

Le principe du vœu est adopté et sa rédaction définitive remise à la prochaine séance.

Sur la proposition de M. VIALÈTES D'AIGNAN, la séance est terminée par la prière et la Chambre s'ajourne au lendemain mardi, à 9 heures 1/2 du matin.

DEUXIÈME SÉANCE

MARDI MATIN, 4 JUIN 1889

Le mardi, 4 juin, à 9 heures et demie du matin, la première Chambre s'est réunie au lieu de ses séances.

Après la lecture du procès-verbal de la première réunion, la Chambre reprend la discussion des intérêts pédagogiques.

Les vœux, qui avaient été modifiés à la précédente séance, sont adoptés dans leur rédaction définitive :

4. — Que les tribunaux scolaires offrent des garanties sérieuses d'indépendance, de capacité et d'impartialité, par le choix et la qualité des membres qui les composent.

5. — Que les bourses, subventions, secours de diverses natures, accordés par l'Etat, les départements et les communes, soient donnés aux familles, avec la faculté de faire élever leurs enfants dans les écoles qu'ils choisissent.

Famille et Mœurs.

La Chambre passe à la partie du rapport qui intéresse la famille et les mœurs.

Le R. P. de PASCAL, qui n'a pas écrit cette partie du rapport, n'a que de simples notes qu'il complète dans un brillant développement oratoire. Sur l'observation de M. le Président, qu'il est désirable que la Chambre connaisse et vote la rédaction définitive du rapport avant qu'il soit lu à l'Assemblée générale, M. le Rapporteur offre de soumettre, dans la soirée, son rapport à M. le Président, ce qui est adopté.

Il expose ensuite les doléances touchant la famille et les mœurs.

La Révolution a frappé la famille dans sa source, en sécularisant le mariage et en permettant le divorce. Elle a attaqué sa constitution intime en affaiblissant la puissance paternelle ; elle s'est opposée à la conservation de la famille en ordonnant le partage forcé du sol sur lequel elle s'appuie, et en dévorant le patrimoine des héritiers par des droits énormes et des formalités multiples et coûteuses. Après avoir ainsi détruit ce qui constitue la dignité, la force et la stabilité de la famille chrétienne, la Révolution la livre sans défense aux dissolvants qui en altèrent l'intégrité. Elle semble s'être attachée à démolir tous les remparts qui la protègent contre la licence et la corruption. Elle laisse libre cours aux entreprises du libertinage en abolissant la répression légale de la séduction, alors que des nations protestantes, comme les Etats-Unis et l'Angleterre, punissent sévèrement ces tentatives. Elle supprime tout frein aux productions obscènes et immorales. Elle laisse toute liberté aux cabarets, débits de boissons et autres lieux de débauche. Et les familles, dépouillées dans leur source de la marque divine, privées de l'autorité qui faisait leur cohésion, minées par les mauvaises mœurs qui s'introduisent parmi leurs membres, se désagrègent et se dissolvent. Il reste bien peu, dans la France actuelle, de ces fortes familles avec lesquelles les armées françaises ont remporté les victoires de la première république et de l'Empire. Ces familles, c'était l'ancienne France qui les avait faites, il ne faut pas l'oublier. Les familles actuelles sont bien inférieures en nombre comme en force.

Après cet exposé du Rapporteur, la Chambre passe à la discussion des doléances et vœux.

Les doléances sont adoptées à l'unanimité :

1. — La loi du divorce, en contradiction ouverte avec le droit naturel,
2. — L'influence déplorable du service militaire obligatoire et universel,
3. — L'influence dissolvante de l'ensemble de nos lois sur les successions,
4. — La violation du repos dominical,
5. — La prohibition immorale de la recherche de la paternité,
6. — La licence accordée aux productions obscènes ou immorales,
7. — La liberté des cabarets,
Détruisent la famille et les mœurs.

L'article premier des vœux est adopté :

1. — L'abrogation de la loi du divorce.

Sur l'article 2, ayant trait à l'abrogation des défenses relatives à la recherche de la paternité, après quelques observations faites par différents membres sur la difficulté d'indiquer la meilleure voie en pareille matière, la Chambre, tout en regrettant l'absolutisme de l'article 340 du Code civil, décide la suppression du vœu, mais elle le remplace par le vœu ci-après tendant à ce que le législateur français, suivant l'exemple des législateurs étrangers, considère la séduction comme un délit :

2. — La répression légale de la séduction.

Le R. P. de PASCAL croit qu'il est indispensable que, dans une nation chrétienne, le mariage soit considéré autrement que comme un contrat civil. Le mariage est par essence un acte religieux, élevé par Jésus-Christ à la dignité de sacrement, et ce qu'on appelle improprement le mariage civil ne doit être que la constatation légale — très légitime et même nécessaire à cause des effets civils du mariage — d'un mariage réellement contracté.

Après un échange d'idées portant surtout sur l'opportunité d'un pareil vœu, dont personne ne conteste la justesse, la rédaction suivante est adoptée :

3. — Révision, dans un sens conforme aux droits de la conscience et à la loi chrétienne, de la législation sur le mariage.

La séance se termine, comme la veille, par la prière, et la Chambre se donne rendez-vous, pour la dernière séance, à 2 heures et demie du soir.

TROISIÈME SÉANCE

MARDI SOIR, 4 JUIN

A 2 heures 1/2 du soir, la première Chambre s'est réunie au lieu habituel de ses séances. Elle a continué la discussion des vœux relatifs aux intérêts familiaux et moraux.

Service militaire.

Mais auparavant, un membre appelle l'attention de la Chambre sur un vœu de la deuxième Chambre, relatif à l'armée. La rédaction de ce vœu pourrait laisser croire, contrairement à la pensée de ses auteurs, que la deuxième Chambre adopte le principe du service militaire en temps de guerre, même pour les prêtres et les séminaristes. Il convient en cette matière de dissiper toute équivoque. La Chambre, se rendant à cette observation, adopte un vœu sur les dispenses ecclésiastiques en ce qui touche le service militaire :

Considérant que le ministère du prêtre est aussi indispensable en temps de guerre qu'en temps de paix ; considérant que le clergé ne le cède en patriotisme à aucune autre classe de la société ; que, le cas échéant, il saura le manifester, comme il l'a déjà fait, suivant un mode conforme à son caractère et à sa vocation sacrée, nous demandons que le principe des dispenses militaires en ce qui touche le clergé soit consacré et appliqué comme il l'était par les lois qui ont régi la matière jusqu'à cette heure.

La discussion sur les questions relatives aux intérêts familiaux et moraux est reprise.

L'article 4 est adopté à l'unanimité.

4. — La répression énergique des productions immorales, obscènes ou attentatoires à la religion.

L'article 5, relatif aux débits de boissons, ne soulève aucune observation. Les membres de la Chambre sont unanimes à reconnaître que les débits de boissons sont un des plus puissants instruments de corruption et de destruction de la famille. Leur nombre s'est prodigieusement accru ; ils s'élevaient en 1886 à 422,300, soit un débit pour 90 habitants, et depuis, ces chiffres se sont encore augmentés. Une loi pourrait utilement régler le nombre des débits en les proportionnant à la population.

L'article 5 est adopté :

5. — Que la liberté des débits de boissons soit sagement restreinte et que le nombre en soit prudemment proportionné à l'importance des localités.

L'article 6 soulève des questions délicates. Tout le monde est aujourd'hui d'accord pour reconnaître que les articles 826, 832 et 1079 du Code civil, aggravés par la jurisprudence, sont destructifs de toute propriété, et que le fisc et les agents d'affaires absorbent dans les licitations, dans les partages entre mineurs, la plus grande partie des petits héritages, quand on n'en dépasse pas le montant.

L'article 6 est adopté à l'unanimité.

6. — Que l'on réforme les lois qui régissent les successions, notamment les articles 826, 832, 1079 du Code civil, afin de conserver et de perpétuer les foyers, surtout les foyers ruraux et les domaines agricoles, et d'éviter les licitations et autres procédures coûteuses qui n'aboutissent qu'à faire passer aux mains des gens d'affaires et du fisc la fortune nationale.

La Chambre passe à la question de l'assistance publique.

Assistance publique.

Après l'exposé du Rapporteur, les doléances sont adoptées :

1. — L'assistance publique n'est, à l'heure présente, qu'un moyen

de domination de plus aux mains du pouvoir, tourné surtout contre les catholiques.

2. — Elle ne répond pas aux besoins des indigents.

On passe ensuite à la discussion des vœux.

Sur le premier vœu du projet de cahiers, qui tend à enlever à l'État et à rendre aux départements et aux communes la gestion des établissements hospitaliers, M. le docteur AUTEFAGE propose un amendement pour que les biens de l'assistance publique soient rendus, non pas aux communes ni aux départements, mais à des associations spéciales dont ce soit le droit, le devoir et le goût de se livrer aux œuvres de charité.

Plusieurs membres objectent que de telles associations ne se trouveront pas partout et qu'il sera souvent nécessaire d'avoir recours aux communes et aux départements.

M. le Rapporteur propose de rédiger ainsi le vœu : « Que l'État, le département et la commune réduisent progressivement au minimum leur intervention dans l'assistance publique, en favorisant les institutions charitables par le droit de posséder. »

L'amendement est adopté sous la forme suivante :

1. — Considérant que le devoir d'assistance de la société à l'égard de ses membres malheureux ne saurait être plus efficacement rempli que par la charité chrétienne et par les institutions nées de son esprit ; que l'État, le département, la commune, réduisent progressivement au minimum leur intervention dans l'assistance publique en encourageant la charité et les institutions créées par elle, notamment en rendant la liberté avec la personnalité civile et le droit d'acquérir aux établissements et aux associations charitables ayant pour but l'assistance matérielle et morale des individus et des familles.

Sur la proposition de M. l'abbé ABRIOL, aumônier de l'Hospice, la Chambre ajoute, au projet de cahiers, un vœu demandant qu'on fasse une large place à la religion dans le régime pénitentiaire.

La Chambre adopte le principe et le vœu ainsi conçu ;

2. — Que dans le système pénitentiaire on fasse une large place à l'influence de la religion, si propre à relever les malheureux détenus.

Avant de terminer ses travaux, la Chambre, sur l'invitation de M. le Président, décide de formuler un vœu relatif à l'arbitrage suprême du Souverain-Pontife dans les conflits internationaux, seul moyen à l'heure présente d'espérer prévenir des guerres qui deviendraient horribles.

Le vœu est immédiatement rédigé par M. le Rapporteur et acclamé par la Chambre. Il sera présenté ce soir à l'assemblée générale :

En présence de l'état de paix armée qui pèse si lourdement sur l'Europe et des menaces de conflits internationaux qui peuvent déchaîner sur les peuples des maux incalculables, nous exprimons le vœu ardent que le Souverain-Pontife, père commun de la chrétienté, soit pris par les nations comme médiateur et arbitre suprême.

La Chambre, pour la représenter à l'Assemblée générale de Paris, choisit comme délégués le R. P. de Pascal et M. Jean de Scorbiac, conseiller-général de Tarn-et-Garonne. Ils seront proposés à l'Assemblée plénière.

M. le Président déclare alors que les travaux de la première Chambre sont terminés ; il remercie les membres qui l'ont composée du zèle et de l'assiduité qu'ils ont mis à les suivre et à y participer et il déclare la séance levée après la prière.

Le Secrétaire,

René de CHÊNEMOIREAU.

DEUXIÈME CHAMBRE

DES INTÉRÊTS PUBLICS

PREMIÈRE SÉANCE

LUNDI, 3 JUIN 1880.

Les membres de la deuxième Chambre se sont réunis à 3 heures chez M. le vicomte d'ARMAGNAC.

La séance est ouverte à 3 heures.

Sur la proposition de M. de MAYNARD, au nom de la Commission d'organisation, la Chambre constitue son bureau par acclamation. Sont nommés :

Président : M. le Vicomte Bernard D'ARMAGNAC.
Vice-Présidents : MM. BOUYSSOU, avocat à Moissac.
                    Henri TOURNAMILLE, ancien magistrat.
Secrétaire : M. E. DEPEYRE.

Après avoir remercié l'Assemblée de l'honneur qu'elle vient de lui décerner, M. le Président rappelle qu'il s'agit, non pas de préparer des lois, mais d'indiquer les principes généraux sur lesquels les lois doivent être établies. Au reste, l'importance des matières et le temps relativement très court dont on dispose ne permettent pas de s'attacher aux détails.

Armée.

La parole est donnée à M. Richard de BOYSSON, chargé par la Commission d'organisation du rapport relatif à l'organisation militaire.

Le rapport passe en revue les changements apportés dans notre organisation militaire depuis le système de recrutement volontaire d'avant 1789 jusqu'au service obligatoire absolu dont la loi en discussion est la dernière et brutale expression.

Il démontre les déplorables effets de l'exagération absurde de ce dernier système qu'il condamne avec les dépositions faites à l'enquête, et propose le vœu suivant comme résumant ce que l'on peut actuellement demander :

Il faut revenir aux dispositions concernant les dispenses qui figuraient dans les lois précédentes et étudier un mode de remplacement militaire qui respecte la dignité humaine et sauvegarde les intérêts de l'avenir et des carrières.

Plusieurs membres font des réserves au sujet des tendances générales du rapport qui semble indiquer le désir de revenir à la division en deux portions du contingent annuel.

Ce retour à l'ancienne organisation leur paraît dangereux et inapplicable dans l'état actuel de l'Europe.

Le Rapporteur fait observer qu'il s'est borné à présenter l'opinion moyenne des cahiers. Personnellement, il n'aurait pas hésité à demander le retour immédiat aux lois de 1818 et de 1832, modifiées suivant les projets développés par M. le maréchal Niel en 1868. Mais, fidèle écho de la grande majorité des cahiers, il s'est borné à rédiger un projet de vœu qui signale un principe vers lequel il faut tendre, tout en restant dans le régime des lois actuelles aussi longtemps que l'exigera la situation politique de l'Europe, ainsi qu'il est dit dans le préambule du vœu proposé :

Comme il est impossible dans l'État actuel de l'Europe de changer l'organisation actuelle du recrutement pour le présent.

La doléance est adoptée, ainsi que le préambule, sans discussion :

Sous prétexte d'égalité, le militarisme, dont la future loi est l'expression dernière, crée de choquantes inégalités et consacre de cruelles injustices. Il ne tient compte ni des carrières entravées ou brisées, ni des besoins du culte, ni des ressources budgétaires. Il écrase les classes rurales qui lui fournissent la plus grosse part du contingent annuel. Il les entraîne dans les villes, où les jeunes gens perdent le goût et les habitudes des champs, facilitant ainsi la dépopulation des campagnes.

Le vœu est mis aux voix. Diverses rédactions sont proposées, parmi lesquelles la Chambre choisit la suivante :

Il faut revenir au principe des dispenses écrites dans les lois précédentes et étudier un mode de remplacement militaire qui respecte la dignité humaine et sauvegarde les intérêts de l'avenir et des carrières.

Un second vœu relatif au rétablissement de l'aumônerie militaire dont tous les cahiers déplorent la suppression, est proposé par le rapport et adopté sans discussion par l'assemblée.

Il est ainsi conçu :

Il convient de ramener l'esprit religieux dans l'armée, comme dans les autres pays, par le rétablissement de l'aumônerie en temps de paix et par une plus grande liberté donnée à la pratique religieuse.

Ce vœu portera le n° 1, et le précédent le n° 2.

M. de Rivoyre exprime le vœu qu'il soit procédé à l'organisation d'une armée coloniale.

En l'état actuel, les troupes destinées à ce service, l'infanterie de marine, se recrutent parmi les premiers numéros du contingent, sans qu'aucune aptitude spéciale, sans qu'aucun goût particulier les désignent plus que d'autres à cette affectation. D'ordinaire, ces jeunes gens n'y voient qu'une aggravation de charges.

Aussi, mal préparés aux nouvelles conditions de leur existence sous des climats brûlants, découragés d'avance, ils succombent pour la plupart ou encombrent les hôpitaux. D'autre part, lorsque ce service prend les proportions d'une campagne, comme au Tonkin, l'infanterie de marine devient insuffisante et, pour y suppléer, on est obligé, soit d'emprunter des corps entiers à l'armée de terre, soit d'en désorganiser les cadres au grand détriment de la sécurité nationale et de la défense du sol.

Avec nos colonies, dont l'orateur est le premier à proclamer la nécessité pour la grandeur française, mais en réclamant énergiquement les mesures nécessaires à leur sauvegarde, la création d'une armée spéciale, recrutée d'éléments sérieux et solides s'impose donc. Ce serait aux engagements volontaires qu'il serait bon de recourir dans ce but. L'appât de quelques privilèges, le goût des aventures, lui assureraient certainement de nos jours un recrutement facile et abondant : l'organisation militaire de la France continentale ne serait plus subordonnée aux hasards d'un incident lointain ; et enfin, nos colonies elles-mêmes n'auraient plus à redouter de se voir inopinément dégarnies de leurs défenseurs naturels, et livrées alors à toutes les entreprises d'un ennemi maître de la mer.

Comme conclusion de ces considérations, M. de RIVOYRE propose la doléance ci-après :

2° L'armée coloniale est actuellement composée des premiers numéros de toutes les listes de tirage au sort : elle est par conséquent composée d'hommes qui ont généralement peu de goût pour leur métier et peu d'aptitude pour ce service spécial,

Et le vœu suivant, qui sont adoptés par l'assemblée :

3° Il serait utile de créer une armée coloniale spécialement destinée au service de nos colonies, recrutée autant que possible par le volontariat.

Finances.

M. Richard de BOYSSON, également chargé du rapport sur la question financière, donne lecture de son travail.

Le Rapporteur compare les doléances exprimées dans les cahiers de 1789 et les doléances actuelles. La situation à l'heure présente est bien plus mauvaise qu'elle ne l'était à la veille de la Révolution, et à tous les points de vue sans exception.

Les Cahiers sont unanimes à réclamer de sérieuses améliorations dans notre système financier, et le rapport fait connaître les doléances et les vœux qui figurent dans l'avant-projet. L'assemblée les adopte sans discussion :

1° Depuis 1789 les impôts sont devenus sept fois plus lourds qu'ils ne l'étaient à cette époque.

2° La comptabilité publique est organisée d'une manière si compliquée qu'il est impossible, même aux plus compétents, de s'y reconnaître et de vérifier l'état des finances, d'établir le montant de la dette et de constater le déficit.

3° Beaucoup de dépenses sont faites sans discernement et sans scrupule, et beaucoup d'autres, qui sont inscrites au budget de l'État ou imposées aux budgets des départements et des communes, ne devraient pas y figurer.

4° Si l'on peut se plaindre avec justice de l'inégale répartition de l'impôt entre les valeurs immobilières et les valeurs mobilières, on peut surtout réclamer contre l'élévation des taxes, contre l'emploi qui est fait du produit des impôts, contre l'augmentation croissante des dépenses.

5° La dette flottante dépasse toute mesure, et l'absorption des fonds des caisses d'épargne, pour une somme qui s'élève aujourd'hui à plus de deux milliards, pourrait constituer un véritable danger public.

6° Les emprunts, qui ne devraient être consacrés qu'à des travaux productifs et d'utilité générale, servent maintenant à alimenter ces dépenses ordinaires et se multiplient sur toute la France, dans de telles proportions, qu'ils compromettent la situation financière de la nation.

1° Qu'il soit dressé, dans le plus bref délai, un état exact de la situation financière, comprenant notamment le montant des dettes et des engagements de toute nature contractés par l'Etat.

2° Qu'il ne soit plus fait d'emprunts, si ce n'est pour des motifs bien justifiés, que la dette flottante soit renfermée dans de justes limites, et que l'amortissement ait une place définitive dans le budget.

3° Que des économies soient réalisées par la réduction du nombre des fonctionnaires, par la révision des lois qui ont imposé à l'Etat, aux départements et aux communes, les dépenses qu'il n'était pas nécessaire de leur faire supporter.

4° Que la loi rétablisse la garantie de l'adjonction des plus imposés aux Conseils municipaux pour le vote des centimes extraordinaires et des emprunts.

5° Que les disponibilités résultant de la réduction des dépenses servent à des dégrèvements.

Plusieurs membres demandent qu'il soit en outre formulé des vœux plus explicites relativement à la péréquation de l'impôt foncier et à la nécessité de dégrever les revenus immobiliers, pour rétablir l'égalité des charges à l'aide d'une taxe sur les revenus mobiliers. Vu l'importance de la question, il est décidé que les auteurs de la proposition se concerteront pour rédiger les vœux et les soumettront, à la séance suivante, à la Chambre.

La séance est levée à cinq heures.

DEUXIÈME SÉANCE

MARDI, 4 JUIN 1889

La séance est ouverte à huit heures et demie du matin.

La discussion est ouverte sur la proposition de divers membres demandant l'adoption de deux vœux sur la péréquation de l'impôt foncier et sur la nécessité d'établir un impôt sur les valeurs mobilières.

Le premier de ces vœux est adopté dans la forme suivante, qui généralise la rédaction proposée par M. de PRADELLE :

6° Une réclamation formelle sera portée devant les pouvoirs publics, tendant à ce que l'impôt foncier de tous les Français soit, dans le plus bref délai possible, tarifé d'après un taux uniforme.

Il est, en outre, décidé que la Chambre demandera à l'assemblée générale d'ordonner l'annexion au procès-verbal du mémoire remarquable présenté, sur cette question, par M. de PRADELLE, dont l'absence est vivement regrettée (voir quatrième partie, Annexe C).

Au nom de ses auteurs, le Rapporteur présente ensuite le second vœu ainsi libellé :

Qu'il soit étudié, dans le plus bref délai possible, un mode d'impôt frappant les valeurs mobilières soit dans leur revenu, soit dans leur transmission, destiné à dégrever sensiblement les valeurs immobilières et tendant à un impôt unique sur le revenu.

Plusieurs membres protestent contre la tendance de ce vœu et repoussent l'établissement d'un impôt sur les revenus, à cause des abus qu'entraînerait son établissement et des difficultés insurmontables de son recouvrement.

Il est répondu que les difficultés de l'exécution, dont l'assemblée ne doit pas étudier le détail, ne doivent pas faire repousser un principe aussi juste que celui sur lequel repose le vœu en discussion.

M. LANDRE demande que les revenus professionnels soient désignés parmi ceux que l'impôt doit atteindre. Il y aurait, en effet, une inégalité et une injustice flagrantes à ne pas soumettre à l'impôt les bénéfices, souvent considérables, que procure l'exercice d'une profession, celle de médecin ou d'avocat, par exemple, et surtout les émoluments attachés aux fonctions publiques. Ce sont là des revenus certains, assurés, qui ne doivent pas rester à l'abri de l'impôt, alors que l'agriculteur doit payer les impôts qui frappent sa terre, même lorsqu'elle n'a pas produit de récoltes.

M. Jean de BOYSSON demande, à son tour, que le même traitement soit appliqué aux rentes sur l'Etat qui doivent être frappées au même titre que les autres valeurs mobilières, avec d'autant plus de motif qu'elles constituent la part la plus considérable de la fortune mobilière, et qu'elles assurent un revenu certain obtenu sans aucun travail et sans aucun risque.

Cette proposition est vivement combattue. Ce serait, dit-on, porter une sérieuse atteinte à l'immunité promise aux rentes émises par le trésor public, en même temps que compromettre le sort des emprunts futurs.

M. de BOYSSON repousse ces critiques. L'établissement d'un impôt sur les rentes ne serait pas illégal ni en opposition avec de prétendus engagements pris au moment de l'émission, pas plus que ne l'ont été les diverses conversions opérées depuis un demi-siècle. Le rentier est un contribuable comme les autres et il doit supporter, dans les charges publiques, dont il a le profit, une part en rapport avec sa fortune. Or, actuellement, il est celui de tous dont le revenu est le plus assuré, le plus facile, et il est à l'abri de toute taxe quant à ce revenu. C'est là une situation anormale profondément injuste et qu'il faut faire cesser. Quant à prétendre que la mesure proposée serait funeste au succès d'emprunts futurs, il est bien plus juste de reconnaître qu'elle raffermira notre situation financière et le crédit de l'Etat. Le succès des futurs emprunts n'est-il pas bien plus sérieusement compromis par le désordre de nos finances, les déficits toujours croissants de nos budgets qui nous laissent entrevoir la terrible perspective d'une faillite à bref délai. L'impôt sur le revenu, et en particulier sur la Rente, ayant pour but de remédier précisément à cette situation, il serait injuste de le repousser comme nuisible aux finances et au crédit de l'Etat.

La Chambre, tenant compte de ces amendements, adopte le vœu suivant :

7° Qu'il soit étudié, dans le plus bref délai possible, un mode d'impôt frappant tous les bénéfices professionnels, frappant aussi les valeurs mobilières, y compris les rentes sur l'Etat, soit dans leur revenu, soit dans leur transmission. Ce nouvel impôt sera destiné à dégrever sensiblement les valeurs immobilières.

Dans la réunion plénière de la veille au soir, sur la question militaire, M. Henri de VALON avait demandé qu'il fût spécifié que les dispenses et le remplacement n'auraient leur effet qu'en temps de paix.

M. Henri de VALON soutient son amendement. Il fait observer que jamais il n'est entré dans sa pensée de demander le service pour les séminaristes et pour le clergé; mais qu'il lui a paru nécessaire de spécifier dans le vœu que les dispenses n'auront plus d'effet en temps de guerre, aucune discussion ne s'élevant du reste sur ce point.

Après ces observations, M. Jean de BOYSSON propose et fait adopter la rédaction suivante qui donne satisfaction à l'opinion de M. de VALON :

Il faut revenir, en temps de paix, au principe des dispenses (le reste comme dans la première rédaction).

Quelques membres proposent alors, et comme conséquence de l'adoption de cet amendement, un vœu tendant à demander que le service religieux ne soit pas contrarié dans nos campagnes en temps de guerre par l'appel, sous les drapeaux, d'un nombre de jeunes prêtres supérieur aux besoins de l'aumônerie. Le Rapporteur fait observer que ce vœu relève de la première Chambre, et c'est pour ce seul motif qu'il demande que ce vœu ne soit pas proposé. (Adopté.)

La séance est levée à onze heures et demie.

TROISIÈME SÉANCE

MARDI, 4 JUIN

La séance est ouverte à une heure et demie.

Organisation judiciaire.

M. André de Chênemoireau donne lecture de son rapport des doléances et vœux relatifs à l'organisation judiciaire.

Le Rapporteur s'occupe tout d'abord des tribunaux de droit commun.

Il est d'avis que le système actuel doit être maintenu. Il a donné depuis un siècle des résultats sinon toujours irréprochables, du moins le plus généralement satisfaisants. Sans doute il convient de flétrir les mesures par lesquelles le gouvernement a dernièrement suspendu la précieuse garantie de l'inamovibilité; on peut proposer des mesures qui favorisent la constitution de familles professionnelles de magistrats, mais il faut laisser au gouvernement le droit de nomination qui sera mieux exercé par lui que s'il est livré aux hasards et aux intrigues de l'élection, ou aux influences de coteries jalouses et exclusives.

En conséquence, le rapport propose à la Chambre la doléance suivante qui est adoptée:

Le recrutement des magistrats s'est trop souvent ressenti des préoccupations politiques et a toujours donné en pareil cas de fâcheux résultats.

Et comme conséquence, deux vœux ainsi conçus :

Que l'inamovibilité des magistrats, désormais à l'abri de toute atteinte, prévienne le retour des scandaleuses mesures flétries par l'opinion publique qui ont porté une si grave atteinte à l'honneur du corps judiciaire.

Que l'État, tout en conservant ses droits, favorise par ses choix la formation de familles judiciaires qui facilitent le recrutement de la magistrature et développent les traditions d'honneur, de capacité et d'indépendance qui sont la force de cette institution.

M. LANDRE combat ces conclusions et demande que les magistrats soient nommés à l'élection. Il rappelle que, depuis la loi de 1883, la juridiction civile n'a plus la même indépendance : que le recrutement des magistrats se ressent des préoccupations politiques ; et que, même avec la garantie (qui n'en est plus une sérieuse depuis sa suspension en 1883) de l'inamovibilité, les magistrats sont sous la dépendance absolue du gouvernement qui tient en main leur avancement.

L'orateur ne demande pas l'élection par le suffrage universel. Mais il désirerait qu'elle soit faite par un collège dont la composition serait à déterminer, et pouvant comprendre, par exemple, les magistrats en fonctions ou retraités, les avocats, avoués, notaires, etc., en un mot tous ceux que leur profession rattache à l'organisation judiciaire.

Le Rapporteur s'oppose à l'adoption du principe proposé par M. LANDRE. Substituer au choix par le gouvernement la nomination par un collège électoral, quelle que soit sa composition, c'est faire du recrutement de la magistrature une question de luttes et de compétitions locales. M. LANDRE demande, il est vrai, que le collège électoral ne puisse choisir que des magistrats ayant subi l'épreuve d'un concours qui éliminera les incapables. Mais ce n'est point là une garantie suffisante. Pour des juges, la science du droit est une qualité nécessaire, mais elle n'est ni la seule, ni la plus importante. La magistrature actuelle, par exemple, peut être très suffisante au point de vue de la science juridique, et ce n'est pas sur ce point que portent principalement les critiques qui lui sont adressées. Sans doute, il est un minimum de savoir au-dessous duquel le juge ne saurait remplir sa mission. Mais ce qu'il importe surtout de reconstituer, c'est la dignité des magistrats, leur autorité morale. Ce qui est essentiel, c'est de composer un corps judiciaire d'hommes honnêtes, d'une réputation inattaquable, d'une vie respectable, qui soient mieux que de savants juristes, des hommes de conscience et de devoir.

Voilà pourquoi l'épreuve du concours n'est pas une garantie suffisante contre les hasards de l'élection et les mauvais choix qui peuvent en résulter. Parce que les choix sont médiocres, surtout depuis la loi de 1883, il ne faut pas condamner un principe qui, bien appliqué, nous a donné une magistrature profondément respectable, que le pouvoir n'a pu plier au gré de son caprice, et qu'il a dû briser pour vaincre sa résistance.

M. Jean de Boysson propose de formuler un vœu demandant que le gouvernement, tout en conservant son droit de nomination, soit obligé de choisir les magistrats sur une liste présentée par la Cour du ressort.

M. Landre se rallie à cet amendement, mais demande que les bâtonniers du ressort soient adjoints à la Cour pour dresser la liste de présentation.

M. Richard de Boysson soutient le vœu proposé par M. Jean de Boysson, mais repousse l'amendement de M. Landre. Il juge que l'on atteindrait un excellent résultat en donnant aux Cours d'appel le droit de présentation. Dans la plupart des cas l'officier, fait-il remarquer, est nommé par le chef de l'État, sur la présentation de ses pairs, et c'est une des causes qui ont maintenu dans l'armée un esprit militaire et une discipline admirables. En donnant à la magistrature un semblable privilège, on obtiendrait un résultat analogue. Il acceptera donc la présentation par les membres de la Cour avec obligation pour le gouvernement de choisir sur la liste présentée.

Mais ouvrir l'entrée de ce corps électoral aux avocats des tribunaux du ressort, serait peut-être amener de sérieux inconvénients pour l'indépendance des magistrats chargés de rendre la justice dans les causes défendues par ces mêmes avocats.

M. de Boysson croit donc qu'il faut repousser cette adjonction.

M. Landre insiste pour l'adoption de son amendement. Il s'est, il est vrai, rallié au principe du vœu présenté par M. Jean de Boysson. Mais l'adjonction qu'il réclame rapprocherait ce système de celui qu'il avait présenté lui-même. Il ne méconnaît pas la possibilité de l'inconvénient signalé par M. Richard de Boysson. Il ne croit pas cependant qu'il faille y attacher une importance exagérée ; et, d'un autre côté, il est frappé du danger plus sérieux que présenterait un corps électoral absolument fermé, tel que la Cour d'appel.

N'est-il pas à craindre, en effet, que l'esprit de corps, toujours si puissant, ne fasse écarter de la magistrature tous ceux qui ne se rattacheront pas par un lien quelconque aux membres de la Cour. A ce point de vue, l'adjonction d'un élément étranger serait en quelque sorte la sauvegarde d'intérêts peut-être très respectables dont sans lui il pourrait n'être pas tenu compte.

Si la Chambre repousse cet amendement, M. LANDRE demande que tout au moins elle accepte la présence du bâtonnier près la Cour, chargé de représenter les intérêts dont il vient de parler.

M. de CHÉNEMOIREAU fait observer que l'obligation pour le gouvernement de choisir les magistrats sur une liste de présentation, ne peut être évidemment étendue aux magistrats du Parquet, qui ont toujours été considérés comme les représentants directs du pouvoir. Il demande que, dans la rédaction du vœu, il soit tenu compte de cette distinction essentielle.

M. Jean de BOYSSON propose la rédaction suivante :

1. — Qu'il soit institué un corps judiciaire offrant de sérieuses garanties de savoir, d'impartialité et d'indépendance par des modifications dans le recrutement et dans l'avancement des magistrats, notamment par l'obligation pour le pouvoir central de choisir les magistrats assis sur une liste dressée par la Cour du ressort.

Le vœu est adopté.

Le Rapporteur donne lecture de la deuxième doléance et du second vœu proposés par les cahiers et dont il demande l'adoption :

Le recrutement des juges de paix est défectueux ; ces magistrats ont été le plus souvent transformés en agents politiques.

2. — Que l'inamovibilité soit accordée aux juges de paix.

La doléance est adoptée.

A propos du vœu, M. Richard de BOYSSON demande que la nomination des juges de paix ne soit pas soumise à la réglementation qui vient d'être demandée dans le vœu précédent pour la nomination des magistrats des Cours et tribunaux. Il ne faudrait pas, dit-il, donner aux cours l'importance souvent funeste de nos anciens parlements ; il ne faudrait pas surtout s'attacher à préparer des lois en vue d'un gouvernement digne de méfiance ; avec un tel gouvernement, de bonnes lois ne sont pas une sauvegarde, et avec un pouvoir digne de confiance, des lois de méfiance pourraient être une entrave et quelquefois un obstacle à des choix excellents. Au surplus, le juge de paix est officier de police judiciaire ; à ce titre encore, il semblerait juste de laisser sa nomination au pouvoir exécutif.

L'orateur présente en ce sens un amendement qui n'est pas adopté.

M. TOURNAMILLE déclare que si un juge a besoin des garanties de l'inamovibilité, c'est le juge de paix, parce qu'il juge *seul* et qu'il est, plus que tous autres juges, soumis aux influences locales.

Le vœu proposé par le rapport est adopté.

Les troisièmes doléance et vœu, relatifs à l'exagération des frais de justice, sont ainsi conçus :

Les frais de justice sont exagérés, surtout pour les petits procès, et hors de proportion avec l'intérêt du litige.

Qu'il soit fait une réforme du Code de procédure, en vue de proportionner les frais à l'importance des litiges, de simplifier la procédure dans les affaires de peu d'importance, de supprimer, dans les petites affaires, les droits d'enregistrement et de copies.

Le principe est admis sans discussion. M. LANDRE propose seulement une rédaction plus simple. Il rappelle que les cahiers de 1789 portaient une doléance analogue, et que l'une des premières réformes promises par la Constituante était la gratuité de la justice. Les plaintes, trop fondées, formulées aujourd'hui, démontrent l'inanité de cette promesse et la nécessité de réaliser une réforme si nécessaire et si impatiemment attendue. Il est telle circonstance, les partages, par exemple, où un mineur est intéressé, où l'intervention des tribunaux est obligatoire, et où les frais absorbent une bonne partie des héritages de peu d'importance et par là-même plus intéressants. C'est donc à la réalisation de la réforme promise et annoncée il y a un siècle que doit tendre notre législation, et ce but doit être indiqué dans la rédaction du vœu en discussion.

M. LANDRE propose donc la rédaction suivante qui est adoptée :

Les frais de justice sont exagérés et sont loin de répondre aux promesses de gratuité absolue faites en 1789.

3. — Qu'il soit procédé à une réforme fondamentale du Code de procédure en vue de réaliser aussi complètement que possible la gratuité de la justice.

Le Rapporteur fait connaître les doléances et les vœux relatifs aux juridictions exceptionnelles.

1º Jury.

Le rapport, d'accord avec les cahiers, propose à l'Assemblée d'adopter la doléance et le vœu qui en est la conséquence.

M. LANDRE reconnaît que la première partie des doléances est fondée, que la loi de 1872 a été quelquefois mal appliquée, surtout depuis que l'on a introduit la politique dans la composition de la liste des jurés, et que, par conséquent, il y a utilité à adopter un vœu demandant qu'on renonce à une pratique regrettable. Mais il ne pense pas qu'on ait raison de se plaindre que le jury fasse généralement preuve d'incompétence et de faiblesse. Quelques cas isolés ne sauraient servir de base à une critique formulée d'une façon aussi générale, et il demande que la Chambre repousse cet article des doléances.

Ces conclusions sont acceptées et la doléance ainsi rédigée :

La composition du jury laisse beaucoup à désirer, la loi de 1872 étant mal appliquée.

Le vœu proposé par le rapport est adopté en la forme suivante :

4. — Que la liste du jury soit établie d'après un système écartant toute ingérence politique.

2º Tribunaux de Commerce.

Le Rapporteur est d'avis que cette question est plutôt du ressort de la Chambre des intérêts commerciaux et industriels. Il vaudrait mieux, avant de la traiter, connaître l'avis de cette Chambre à qui elle a été soumise.

Avant la fin de la séance, l'Assemblée informée que la quatrième Chambre a formulé un vœu demandant :

5. — Que les tribunaux de commerce soient supprimés dans les villes dont la population est inférieure à 25,000 âmes,

Adopte sans discussion le même vœu, en le faisant précéder de la doléance suivante, contenue dans les cahiers :

Les tribunaux de commerce ont perdu de leur dignité et de leur valeur depuis qu'ils ne sont plus élus par les notables commerçants, mais par tous les négociants patentés.

3º Juridiction administrative.

Les cahiers signalent le peu de garantie offert aux justiciables par les tribunaux administratifs de tout degré, parce qu'ils ne sont pas indépendants et subissent trop directement l'influence du pouvoir politique. Ainsi en est-il, par exemple, de la plus haute juridiction de cet ordre : le tribunal des conflits, dans lequel la loi assure la majorité des voix aux agents du gouvernement.

Le Rapporteur, s'associant à ces critiques, demande à la Chambre d'adopter les doléances suivantes :

Le Tribunal des Conflits est composé d'éléments qui ne sont nullement de nature à en assurer l'indépendance ; il est à la merci du pouvoir politique et n'offre aucune garantie aux justiciables.

Les Tribunaux administratifs, par leur mode de recrutement, n'ont plus leur raison d'être aujourd'hui, parce qu'ils subissent trop directement les influences politiques. — Ils n'offrent que des garanties insuffisantes.

Et comme conséquence, d'adopter aussi le vœu ainsi formulé :

6. — Que les Tribunaux administratifs soient supprimés et que la connaissance des affaires contentieuses de leur compétence actuelle soit déférée aux Tribunaux de droit commun : d'où résultera la suppression du Tribunal des Conflits.

M. LANDRE reconnaît que, par leur composition, les Tribunaux administratifs, absolument dépendants du pouvoir politique, offrent aux justiciables des garanties insuffisantes, surtout en ce qui concerne les affaires purement politiques, telles que les questions électorales et les affaires de travaux publics où l'Etat est partie en la cause. Mais il croit qu'il y a une distinction à faire, et que ces critiques ne sauraient s'adresser avec une égale force aux différents degrés de cette juridiction; que, notamment, le Conseil d'Etat a donné plusieurs fois la preuve de son impartialité et de son indépendance vis-à-vis du pouvoir politique. Il serait injuste de ne pas le reconnaître.

La Chambre approuve ces réflexions et décide que la doléance sera complétée par l'adjonction de cette formule :

Surtout en ce qui concerne les Conseils de préfecture.

Le dernier membre de phrase : « d'où résultera la suppression du Tribunal des conflits » est supprimé et le vœu, ainsi modifié, est adopté.

La séance est suspendue pour quelques instants.

A la reprise, plusieurs membres des autres Chambres qui ont terminé leurs travaux, viennent se joindre à ceux de la seconde Chambre.

Pouvoirs publics.

M. André de CHÊNEMOINEAU donne lecture de son rapport sur l'organisation des pouvoirs publics.

Il indique et analyse en premier lieu les doléances contenues dans l'enquête de 1888 qui peuvent se classer sous trois chefs principaux.

1° Inconvénients résultant de la souveraineté du nombre prise comme principe de gouvernement, et considérée comme l'autorité unique et absolue pour la confection des lois.

2° Inconvénients de la centralisation excessive, et d'un système bureaucratique beaucoup trop envahissant.

3° Mauvaise organisation actuelle du suffrage reposant sur un groupement artificiel, purement numérique, et nullement représentatif des intérêts.

Sur le premier point, d'accord avec l'avant-projet, le rapport propose l'adoption des deux doléances qui les expriment :

En prenant la souveraineté du nombre comme principe de gouvernement, et en le substituant au droit et à la continuité historiques, on a créé l'instabilité du pouvoir, à laquelle la France doit les bouleversements et les crises dont elle est victime depuis un siècle, et compromis gravement la paix sociale et l'ordre public.

En prenant la souveraineté du nombre comme autorité unique et absolue pour la confection des lois, on a détruit la notion et le respect du droit et de la loi, rendu impossible tout ordre social et toute justice, dont le fondement nécessaire est dans l'obéissance aux lois primordiales ou divines.

L'Assemblée se livre à une discussion approfondie et animée, non sur les principes mêmes exposés par le Rapporteur, mais sur l'inconvénient ou l'avantage de les formuler. Elle est unanime à reconnaître que le nombre ne crée pas le pouvoir, puisque le pouvoir vient de Dieu, et qu'il ne crée pas davantage le droit qui, fondé sur les lois naturelles, est indépendant du caprice de la multitude.

Mais plusieurs membres font remarquer que c'est là en quelque sorte une thèse philosophique qu'il serait difficile de réduire en une formule à l'abri de la critique et de fâcheuses interprétations. Ce que l'on veut affirmer, c'est que le nombre ne peut créer le pouvoir en

soi, pas plus qu'il ne peut créer le droit, l'un et l'autre étant d'institution divine. Mais n'est-il pas à craindre que l'on veuille tirer
de cette affirmation des conclusions qui ne sont nullement dans la
pensée de ses auteurs : par exemple, la suppression du suffrage universel.

Il y a évidemment une distinction à faire entre la création du
pouvoir et la désignation de celui qui l'exercera. La doléance vise la
première de ces hypothèses, sans toucher à la seconde. Mais il est à
craindre qu'on ne prétende qu'elle les vise toutes deux. Le pouvoir
est d'institution divine ; mais il faut bien que celui qui l'exerce soit
désigné par un mode quelconque : un de ces modes peut être l'élection par l'universalité des citoyens, comme ailleurs il peut être l'hérédité. Ceci n'est plus de la philosophie, mais de la pratique. Il ne
faut pas que l'on puisse dire que l'Assemblée a refusé au nombre,
c'est-à-dire au suffrage universel, cette désignation de celui qui
exercera le pouvoir, ou le choix du mode par lequel il sera désigné ;
et sur cette question, il y a, au point de vue religieux, une liberté
d'opinion absolue.

Sans doute, on ne peut nier que le système politique actuel a créé
l'instabilité du pouvoir très préjudiciable à la bonne gestion des
affaires publiques, et on doit le regretter. Mais il y aurait de graves
inconvénients à formuler une doléance, fort juste au point de vue
abstrait de la création du pouvoir et du droit, très ette à contro-
verse et à discussion si elle s'applique, au point de vue pratique, à la
désignation de celui qui exerce le pouvoir, ou de ceux qui rédigent
les lois.

Ces observations font sur l'Assemblée une profonde impression, et,
repoussant le projet de doléance exposé par le Rapporteur, elle adopte
la rédaction suivante :

Le système politique actuel a créé l'instabilité du pouvoir à laquelle
la France doit les bouleversements et les crises dont elle est victime,
et a gravement compromis la paix sociale et l'ordre public.

L'Assemblée rejette sans discussion, et comme conséquence de son
vote sur les doléances, le préambule du vœu qui en proclamait à
nouveau le principe, et discute le vœu lui-même ainsi rédigé :

Que le pouvoir souverain, consacré par l'adhésion de la volonté
nationale, soit établi sur des bases solides et fortifié par le retour au
principe de l'hérédité.

M. Jean de Boysson demande la division du vœu; quoique partisan décidé de l'hérédité monarchique, il ne croit pas que le vœu proposé doive faire mention de ce principe politique. L'Assemblée provinciale n'est pas une assemblée politique, et doit, par conséquent, éviter ce terrain. Les vœux qu'elle émet doivent avoir une portée plus haute; ils doivent répondre à des nécessités sociales sur lesquelles l'accord est possible entre tous les hommes de bonne foi et chrétiens, quelle que soit la divergence de leurs opinions politiques. Or, le principe de l'hérédité du pouvoir souverain n'est pas une de ces questions sur lesquelles l'Église impose une solution que tout chrétien doit accepter. La liberté est entière, et l'assemblée aurait tort, quelle que soit l'opinion personnelle de ses membres, de rédiger un vœu essentiellement politique.

Ces observations, appuyées par M. Landre et plusieurs autres membres de la Chambre, sont combattues par le Rapporteur. Il ne s'oppose pas à la division du vœu, mais il fait cependant remarquer que la première partie sera extrêmement vague, et, par son élasticité même, sans aucune portée sérieuse. Demander que le pouvoir souverain soit constitué sur des bases solides, c'est tout dire et ne rien dire. C'est presque une naïveté.

Il ne croit pas, d'ailleurs, au fond, que la question soit en dehors de la compétence de l'assemblée. Celle-ci doit s'occuper, avant tout, des questions sociales; mais n'est-ce point une question sociale au premier chef que la constitution d'un gouvernement vraiment digne de ce nom, qui réalise par lui-même, dans les limites de sa compétence, ou permette de réaliser les réformes indiquées et souhaitées par l'assemblée? Si elle est d'avis que l'hérédité est une des bases nécessaires pour fonder solidement ce gouvernement, et non la moins solide, elle doit en proclamer la nécessité.

La demande de la division étant maintenue, la première partie du du vœu est adoptée :

Que le pouvoir souverain, consacré par l'adhésion de la volonté nationale, soit établi sur des bases solides.

La seconde partie est également adoptée :

Et fortifié par le retour au principe de l'hérédité.

L'ensemble du vœu est enfin soumis à l'assemblée, et ainsi rédigé :

Que le pouvoir souverain, consacré par l'adhésion de la volonté nationale, soit établi sur des bases solides et fortifié par le retour au 'principe de l'hérédité.

M. E. DEPEYRE propose une rédaction différente qui paraît devoir rallier, à l'ensemble du vœu, plusieurs des membres qui ont repoussé la seconde partie. Ils n'ont pas dissimulé leurs préférences pour le principe de l'hérédité, et ils ont expliqué leur vote par le désir de laisser entière et en dehors de la discussion la question de la forme du gouvernement, sur laquelle peuvent différer d'opinion des personnes qui sont, néanmoins, en parfaite communauté de sentiments sur les principes sociaux. N'y aurait-il pas un moyen de leur permettre l'affirmation de ces préférences par une formule que tout le monde pourrait accepter? L'accord est certain sur la nécessité de se soumettre à la volonté de la nation, librement et légalement exprimée, sur la forme du gouvernement. Si le principe de l'hérédité est consacré par l'adhésion du peuple français, ceux-là même qui n'en sont pas partisans s'inclineront devant ce qui sera la loi du pays. Sans doute, la rédaction proposée parle de la consécration du pouvoir souverain par la volonté nationale, et cela devrait répondre à tous les désirs, puisque le principe héréditaire sera soumis à cette sanction au même titre que tout autre forme de gouvernement. Mais, puisque cette formule énoncée d'une façon générale ne paraît pas suffisante, on pourrait en faire l'application spéciale au principe de l'hérédité et rédiger le vœu de la manière suivante :

1. — Que le pouvoir souverain soit constitué sur des bases solides et fortifié par le retour au principe de l'hérédité, consacré par l'adhésion de la volonté nationale.

Cette nouvelle rédaction est adoptée à la très grande majorité.

Le second chef des doléances développées par le Rapporteur est relatif aux inconvénients de la centralisation et du système bureaucratique actuel.

Elles ont été résumées par le Rapporteur dans l'article suivant, que l'assemblée adopte sans discussion :

La centralisation administrative, en accroissant outre mesure l'influence et les moyens d'action de l'État, a provoqué et facilité toutes les usurpations. De plus, en enlevant aux mains des intéressés la gestion de leurs propres intérêts, ou en apportant à la liberté de cette gestion des entraves exagérées, elle a porté une grave atteinte à l'esprit d'initiative et arrêté le développement de toute autonomie locale.

Comme conséquence de cette doléance, le rapport propose ce vœu unique :

2. — Que tout en maintenant à l'État son droit de haute surveillance, la décentralisation soit pratiquée dans la plus large mesure possible en faveur des communes et des départements ; que l'esprit d'association soit encouragé, et que des lois soient préparées pour faciliter le retour à la vie municipale et corporative libre et autonome.

Le principe de ce vœu est admis par tous les membres de l'Assemblée, et il est unanimement reconnu que la centralisation et le système bureaucratique poussés à l'excès produisent de sérieux inconvénients : lenteurs dans la solution des affaires, même les plus simples ; augmentation des dépenses publiques par le nombre des fonctionnaires au delà de toute mesure et de toute nécessité ; destruction de l'esprit d'initiative ; disparition de l'autonomie communale et corporative. Il faut, pour remédier à cet état de choses, rendre aux intéressés la gestion de leurs propres affaires et ne faire intervenir l'Etat que pour assurer la bonne exécution des services généraux et d'ordre public.

Sans doute l'Etat doit aussi conserver un droit de surveillance sur la gestion des intérêts communaux et départementaux ; mais ce droit de surveillance ne doit pas dégénérer en une entrave perpétuelle, et en une usurpation des libertés communales les plus essentielles.

Il est à désirer que ces libertés leur soient rendues dans la plus large mesure possible.

Il en est de même d'une foule de services, ayant, il est vrai, un caractère d'utilité générale, tels que l'enseignement, l'assistance publique, les chemins de fer, sur lesquels l'État a déjà mis, ou cherche à mettre la main, mais qui sont beaucoup plus avantageusement remplis par l'initiative privée, en possession du droit d'association. C'est à favoriser cette initiative, à développer ce droit d'association que doit tendre la législation, comme le demande le vœu proposé.

Mais plusieurs membres désirent qu'on ne se borne pas à l'énoncé de ces principes généraux dont du reste ils reconnaissent la parfaite exactitude.

M. de Rivoyre est d'avis qu'une réforme radicale s'impose aujourd'hui dans l'organisation administrative de la France. Les progrès dans les idées, le développement des voies de communication ont amené des modifications profondes dans les mœurs et les habitudes, et le fonctionnement des services administratifs n'y correspond plus suffisamment.

C'est en effet dans le canton qu'il faut aller pour rencontrer l'expression journalière de tous les besoins immédiats auxquels ils ont pour but de répondre : vicinalité, finances, enregistrement, contributions directes et indirectes, etc. Pourquoi dès lors ne pas substituer l'organisation cantonale à l'organisation d'arrondissement? Pourquoi ne pas aller frapper directement à la préfecture pour en recevoir l'impulsion ou les solutions nécessaires, sans s'attarder à l'étape inutile de la sous-préfecture?

C'est la réalisation de cette réforme que M. de RIVOYRE désirerait voir demander formellement par l'assemblée provinciale.

Ces idées sont développées dans un travail dont la lecture intéresse vivement l'assemblée.

Le Rapporteur, tout en reconnaissant l'exactitude des théories exposées par M. de RIVOYRE, ne croit pas qu'elles puissent faire l'objet d'un vœu dont la trop grande spécialité ne cadrerait pas avec l'esprit de généralité que l'assemblée a respecté jusqu'ici.

Cette manière de voir est acceptée par l'assemblée qui adopte sans modification le vœu présenté par le Rapporteur, mais décide que le travail de M. de RIVOYRE sera annexé au procès-verbal et publié dans le compte rendu (Voir quatrième partie, Annexe B).

M. Jean de BOYSSON fait remarquer qu'il y a dans ce travail deux questions distinctes : la substitution du canton à l'arrondissement, et la proposition d'un groupement régional. L'assemblée vient de se prononcer sur le premier point, mais la même solution ne s'impose pas quant au second. Si la substitution de l'organisation cantonale à l'organisation d'arrondissement peut être considérée comme un point de détail du système général de décentralisation, il n'en est pas de même du groupement régional qui, tout en se rattachant au même principe, constitue une innovation importante dans notre organisation administrative actuelle.

M. de BOYSSON ne croit pas qu'il y ait lieu de rien ajouter aux observations de M. de RIVOYRE, mais il demande qu'elles soient formulées dans un vœu spécial.

M. H. TOURNAMILLE propose la rédaction suivante qui est adoptée :

3. — Que les intérêts communs d'une région soient confiés à une organisation régionale complète, qui, tout en respectant le département

dans ce qu'il peut avoir d'utile et sans revenir aux anciennes divisions provinciales, réalise une décentralisation effective au point de vue administratif, judiciaire, universitaire, militaire et économique.

M. le Rapporteur donne ensuite connaissance des doléances relatives à la mauvaise organisation actuelle du suffrage, et du vœu qui leur correspond. Le rapport regrette que cette organisation substitue au régime représentatif un groupement artificiel et purement numérique. Ce système a de graves inconvénients : tous les intérêts sont confondus, et n'ont plus par suite une représentation réelle et efficace.

La politique seule est en jeu, elle s'introduit à tous les degrés du système électoral, entraînant avec elle les haines et les divisions locales. On vote souvent pour des candidats qu'on ne connaît que par un programme lancé à la veille des élections, et qui, de leur côté, chargés de représenter tous les intérêts d'une région, se trouvent par l'étendue même d'un mandat aussi vague et aussi général dans l'impossibilité de le remplir comme il conviendrait : d'autant que ces intérêts étant souvent contradictoires, ne peuvent être utilement représentés et défendus par un seul mandataire qui préfère les laisser tous en souffrance que d'en sacrifier quelques-uns.

Pour remédier à ces inconvénients graves, le rapport demande qu'on mette à l'étude un système électoral qui rende au suffrage universel son véritable rôle en lui faisant représenter les droits et les intérêts de tous, au lieu d'exprimer un groupement artificiel et numérique.

Les critiques formulées par le rapport contre l'organisation actuelle justifient la présentation de ce vœu, qui se borne à demander l'application d'un principe général sans prendre parti pour tel ou tel système. Le Rapporteur a reçu communication de deux mémoires présentés par MM. Favas et Gras, mémoires indiquant des systèmes complets de votation conformément au principe de la représentation des intérêts. On n'a pu en tenir compte dans la rédaction du vœu à cause de leur caractère trop spécial ; mais le Rapporteur demande que l'assemblée veuille bien en ordonner l'annexion au procès-verbal (adopté). (Voir quatrième partie, Annexes A et D.)

Les conclusions du rapport sont soumises à l'assemblée. La doléance proposée par le Rapporteur est adoptée après quelques observations de détail :

En substituant au régime représentatif, par l'organisation actuelle du suffrage, un groupement artificiel et purement numérique par circonscriptions électorales où tous les intérêts sont confondus, on a supprimé en fait toute représentation réelle de ces intérêts, introduit partout la politique qui divise, et créé le parlementarisme avec ses irresponsabilités, ses incompétences et ses conséquences fatales, qui sont l'anarchie et le despotisme.

Ce premier vote indique que l'assemblée accepte le principe du vœu correspondant, mais sa rédaction n'est pas acceptée par elle.

Plusieurs membres font observer que sur une matière aussi importante, il est absolument nécessaire de rédiger un vœu qui ne puisse pas être interprété d'une manière défavorable et contraire à l'opinion de l'assemblée. Sans doute, on est d'accord pour reconnaître que l'organisation actuelle du suffrage universel produit des résultats regrettables au point de vue de la bonne représentation des intérêts, et qu'il est désirable que cette organisation soit modifiée. Voilà la réforme et la seule réforme réclamée ; nul ne songe à demander la suppression du suffrage universel, mais il faut le dire si clairement que personne ne puisse s'y méprendre et qu'il n'y ait pas moyen de dénaturer la portée du vœu qui va être émis par l'assemblée. C'est pour répondre à ces préoccupations que ces membres proposent la rédaction suivante :

4. — Qu'il y a lieu de reconnaître à tout Français le droit de vote, et par conséquent de maintenir le suffrage universel. Mais éclairée par l'expérience sur les imperfections de l'organisation actuelle du suffrage, l'assemblée émet le vœu qu'un système électoral soit mis à l'étude pour substituer au groupement purement numérique des votes le principe de la représentation des intérêts.

La nouvelle rédaction est soumise à l'assemblée.

M. de VALON demande la division du vœu, et le vote de la première partie seulement. Il fait observer que l'adoption du principe de la représentation des intérêts préjugerait la question du scrutin de liste ou du scrutin d'arrondissement, car, seul, le premier peut se prêter à la représentation spéciale des divers intérêts sociaux.

M. Richard de BOYSSON proteste contre cette affirmation : parmi les documents présentés à l'assemblée se trouve le travail de M. FAVAS. Ce mémoire présente un système d'élection fort ingénieux, assurant la représentation des grandes forces sociales : Nombre, Fortune, Intelligence, etc., et pouvant s'appliquer aussi bien au scrutin de liste qu'au scrutin d'arrondissement.

Il est répondu, d'autre part, à M. de VALON que, son observation fût-elle exacte, le principe de la représentation des intérêts est actuellement une question trop importante pour qu'un point de détail, comme le choix entre le scrutin de liste ou d'arrondissement, puisse empêcher une affirmation en sa faveur.

L'idée de la représentation des intérêts fait de grands progrès dans les esprits, parce qu'elle répond à une nécessité évidente. La première application en est faite par les ouvriers qui, partout où ils peuvent le faire, choisissent des représentants ouvriers, sans discernement souvent, mais il n'y en a pas moins là l'expression d'une idée juste en elle-même, et dont il faut favoriser l'application au profit de tous les intérêts sociaux. C'est une réforme qui demande une sérieuse préparation, et l'Assemblée doit se borner à poser le principe. Mais elle ne peut pas le repousser pour une question de procédure électorale.

Après cet échange d'observations, le vœu est adopté.

M. d'WELLES fait remarquer que le vœu précédent deviendrait absolument platonique dans l'état actuel des esprits si l'on ne préparait sa réalisation par une première réforme apportée dans le mode de confection des lois et en appelant à y participer, à titre purement consultatif pour commencer, les intéressés eux-mêmes représentés par des Conseils élus. Cette réforme parfaitement réalisable dès maintenant — puisqu'elle n'est qu'une extension de ce qui se pratique presque à l'heure présente pour le commerce — aurait l'avantage de préparer les agriculteurs, les industriels, les commerçants à la pratique future du régime réellement représentatif. Comme conclusion de ces observations, l'orateur propose le vœu suivant :

Que tout au moins, et comme acheminement à cette réforme, les lois soient à l'avenir, dans leur élaboration, entourées d'une garantie par la participation de Chambres consultatives professionnelles élues par les intéressés.

M. de VALON, sans contester le bien fondé de ce vœu et l'utilité de cette réforme, en juge l'application fort difficile et se demande si les mœurs publiques sont prêtes pour une si importante innovation. De plus, le vœu est incomplet puisqu'il ne vise pas les lois d'ordre général. Il préférerait la consultation, obligatoire pour toutes les lois, du Conseil d'Etat que le Pouvoir pourrait composer avec des sommités de toute profession, et qui offrirait des garanties de savoir plus complètes.

M. d'Welles accepte bien la réserve faite par M. de Valon pour les lois d'ordre général, mais il n'accepte pas la consultation du Conseil d'État pour les lois spéciales, parce que le Conseil d'État n'offre pas des garanties suffisantes d'indépendance, et surtout parce que le système de M. de Valon ne marque pas un pas vers la représentation des intérêts, et n'est pas une préparation suffisante à sa réalisation. Il propose donc la rédaction suivante à laquelle M. de Valon déclare se rallier :

5. — Que tout au moins et comme acheminement à cette réforme, les lois soient à l'avenir, dans leur élaboration, entourées d'une garantie par la participation, pour les lois d'ordre général, du Conseil d'État, et pour les lois spéciales, de chambres consultatives professionnelles élues par les intéressés.

Ce vœu est adopté.

L'ordre du jour étant épuisé, M. le Président remercie les Rapporteurs du zèle avec lequel ils ont préparé les travaux de l'assemblée, et les membres de la Chambre de l'activité avec laquelle ils ont étudié les questions soumises à leur examen.

La Chambre, pour la représenter à l'assemblée générale de Paris, choisit comme délégués : MM. Bernard d'Armagnac, de Rivoyre, André de Chénemoireau, Richard de Boysson et Landre, qu'elle proposera à l'assemblée plénière.

La séance est levée à six heures et demie.

Le Secrétaire,

Et. DEPEYRE.

INTÉRÊTS AGRICOLES ET RURAUX

PREMIÈRE SÉANCE

LUNDI, 3 JUIN 1889.

Le lundi 3 juin, à quatre heures du soir, la troisième Chambre s'est réunie dans la salle des Variétés, rue de la Chantrerie, 3.

Sur la proposition de M. le vicomte de SAINT-FÉLIX, au nom de la Commission d'organisation, le bureau a été ainsi composé :

MM. Albert TOURNAMILLE, *président.*
Vigouroux, *secrétaire.*

Sur l'invitation de M. le Président, M. le Secrétaire-Rapporteur donne lecture du projet de rapport à l'Assemblée générale; puis la discussion est immédiatement ouverte.

Les articles 1, 2 et 3 des doléances sont adoptés sans discussion :

1. — Il se manifeste, parmi les populations rurales, un affaiblissement de l'attachement au sol, d'où résulte l'émigration dans les grands centres et même à l'étranger, et la dépopulation des campagnes.

2. — La profession de cultivateur n'est plus suffisamment rémunératrice, la terre s'appauvrit et a perdu beaucoup de sa valeur depuis quelques années.
Les causes principales de cette désastreuse situation sont dans la législation et les mœurs.

3. — Les lois politiques entraînent une instabilité défavorable à la production agricole.

L'article 4 provoque plusieurs observations. Un membre de la réunion demande s'il n'y aurait pas lieu d'augmenter la quotité disponible. Le Président fait observer que cette proposition se rattache

aux vœux plutôt qu'aux doléances ; en conséquence, la suite de la
discussion sur ce point est renvoyée à une séance ultérieure. La
doléance est ainsi adoptée :

4. — Les lois civiles, en établissant le partage indéfini des terres,
créent des parcelles inexploitables ou rendent impossible la conservation d'un domaine agricole suffisant à l'entretien de la famille et provoquent la stérilité des mariages.

Les articles 5 et 6 sont adoptés sans discussion :

5. — Les lois économiques font peser sur la propriété foncière des
charges fiscales qui la mettent dans une infériorité écrasante vis-à-vis
de la propriété mobilière, et lui enlèvent les moyens de lutter contre
la concurrence étrangère.

6. — Les traités de commerce et les tarifs de pénétration mettent
l'agriculture nationale, chargée d'impôts, dans une grande infériorité
vis-à-vis des autres nations.

7. — Les mauvaises mœurs, favorisées par la diffusion de la presse
antireligieuse, par la multiplication des cabarets, par l'obligation du
service militaire et le séjour forcé dans les villes, ont répandu dans les
campagnes des habitudes de bien-être, d'oisiveté et de débauche.

Plusieurs membres proposent d'ajouter à l'article 7 la mention suivante, après le passage relatif aux cabarets :

Et la liberté immorale accordée aux cafés chantants ambulants...
(adopté).

M. le Président fait observer que l'enseignement dans les campagnes est beaucoup trop conforme à celui des populations urbaines, et
qu'il y a lieu de se plaindre d'un état de choses aussi contraire à la
direction rationnelle des études. Il ajoute qu'il existe, d'autre part,
une inégalité choquante entre les établissements immoraux et les
œuvres de religion et de bienfaisance, les premiers obtenant toutes
facilités, les secondes étant assujetties à toutes sortes d'entraves ; il
importe de signaler cette situation contraire à la fois à la justice et à
la morale publique. Ce double point de vue est adopté, et une addition conforme est faite aux doléances qui précèdent, dans la forme
suivante :

8. — Il est regrettable que l'enseignement ne soit pas approprié au
milieu dans lequel il est donné, et notamment que l'enseignement
des classes rurales soit à peu près exactement le même que celui des
populations urbaines. Il est regrettable aussi que les établissements
immoraux ne soient assujettis à aucune formalité, alors que les
œuvres de religion et de bienfaisance éprouvent toute espèce d'entraves.

L'article dernier est adopté sans discussion :

9. — Les classes élevées donnent elles-mêmes l'exemple de l'émigration vers les villes, abandonnent l'accomplissement de leur devoir social, n'exercent plus autour d'elles l'influence si salutaire qui leur revenait pour le plus grand bien de tous.

M. le Président propose de délibérer immédiatement sur les vœux.

Après quelques explications fournies par M. le Rapporteur, sur la représentation officielle et élective, actuellement accordée au commerce et à l'industrie, et refusée jusqu'ici à l'agriculture, le premier vœu est adopté :

1. — Que l'agriculture ait une place distincte dans la représentation nationale, départementale ou provinciale, et que, dans ce but, des chambres d'agriculture élues soient constituées le plus tôt possible.

Le second vœu est adopté sans discussion et à l'unanimité :

2 — Que les libertés communales soient étendues et que l'adjonction des plus imposés auprès des Conseils municipaux soit rétablie pour le vote des impôts nouveaux et des emprunts.

Le troisième vœu ainsi conçu :

3. — Que la législation civile, restrictive de la liberté pour la composition des lots en matière de partage, soit réformée,

Donne lieu à des observations nombreuses sur la liberté de tester et l'extension de la quotité disponible. Quelques membres font observer, au point de vue historique et social, qu'à l'imitation des institutions primitives des Romains, l'Angleterre a conservé la liberté de tester, tandis qu'elle a imposé à l'Irlande le partage forcé, afin d'affaiblir toute résistance. C'est, avec la liberté en plus, la politique de Napoléon Ier qui, voyant la désagrégation causée par le partage forcé, avait voulu fonder, au moyen des majorats, des familles dynastiques destinées à soutenir les institutions impériales. Auparavant, la coutume de Paris, qui servait de type à l'ancien droit français, avait mis une balance égale entre le droit de propriété et les devoirs de famille : la moitié des biens était disponible, l'autre moitié était réservée aux enfants. En conservant surtout les petites familles de cultivateurs, sans leur faire redouter une postérité trop nombreuse, cette coutume permit à l'ancienne France de fonder des colonies florissantes, comme la Louisiane et le Canada, alors que la France nouvelle est impuissante à coloniser l'Algérie située à ses portes. Sous l'empire de cette coutume, encore en vigueur au Canada, la population de ce pays n'a cessé de doubler tous les vingt-cinq ans. D'un autre côté, les pays de la vieille Europe qui avaient adopté la quotité trop restreinte du code civil, comme l'Italie et certaines parties de l'Allemagne, ont récemment fixé la quotité disponible à la moitié des biens, quel que fût le nombre des enfants. M. de RICARD et plusieurs autres membres se demandent s'il ne serait pas temps de répudier des traditions dont l'origine très suspecte remonte au gouvernement de la Terreur, et qui ont pour effet de stériliser les familles, en diminuant les pouvoirs du père, à mesure qu'il donne plus d'enfants à la Société et à l'Etat. Sans contester l'utilité et l'importance de cette réforme, d'autres membres estiment qu'elle est un peu hardie et prématurée, et assez incompatible avec les idées d'égalité qui trouvent tant de faveur dans les masses. Les autres membres objectent que ces idées préconçues d'égalité ont plus d'existence dans les paroles que dans les faits ; que, sans compter l'amour immodéré des Français, si égalitaires en théorie, pour les honneurs de toute espèce, les places distinctives et les décorations de toute couleur, il est de fait que la coutume de *faire un aîné*, suivant le langage vulgaire, s'est universellement maintenue dans le Quercy. Seulement, les effets utiles qui peuvent être retirés de cette institution persistante sont actuellement irréalisables : en effet, une quotité disponible du quart ne suffit pas, dans les petits domaines, à conserver ceux-ci entiers en payant les dots des autres frères et en mettant à l'abri du besoin les père et mère devenus vieux. Aussi voit-on les aînés se ruiner et les familles disparaître. D'un autre côté, si l'extension de la quotité disponible était accordée exclusivement, et comme on pourrait se borner à le faire, aux paysans qui cultivent eux-mêmes leurs domaines, les partisans de l'égalité auraient la satisfaction de ne pas favoriser les riches et les puissants, mais seulement les familles laborieuses et de condition médiocre ; et l'avantage plus réel que personnel, qui aurait pour but et pour effet de conserver les petits domaines en multipliant la population morale, énergique, forte et laborieuse qui les cultive, tendrait au bien public et augmenterait la puissance de l'Etat, sans blesser la justice et la véritable égalité : car l'avantage de recevoir à titre gratuit une fraction considérable du domaine rural serait compensée par l'obligation imposée à l'aîné ou à l'enfant choisi pour continuer la famille, de doter ses frères et ses sœurs, de soigner ses père et mère, et, en fin de compte, de travailler toute sa vie pour les autres, de mettre ainsi en circulation des richesses considérables, dans le but d'assurer à ses descendants un instrument de travail et un foyer libre et indépendant.

Après ces observations, la suite de la discussion est renvoyée à la séance suivante.

DEUXIÈME SÉANCE

MARDI MATIN, 4 JUIN.

M. le PRÉSIDENT ouvre la séance à neuf heures du matin et donne connaissance à la Chambre d'un vœu déjà déposé par M. de SCORBIAC au Conseil général de Tarn-et-Garonne, relatif à la constitution de petits domaines par la vente, en lots assortis, des immeubles expropriés au profit du Crédit foncier ; il dépose en même temps sur le bureau une proposition semblable du docteur AUTEFACE, mais relative à l'Algérie.

M. de SCORBIAC prend part à la discussion et développe son idée. Plusieurs membres font des objections sur les difficultés pratiques de sa réalisation. M. de SCORBIAC déclare qu'il est prêt à accepter toutes les modifications de détail ; il n'insiste que sur le fond même de sa proposition. Le docteur AUTEFACE appuie le vœu de M. de SCORBIAC, en l'appliquant à l'Algérie et en proposant quelques modifications qu'il considère comme essentielles.

M. VIGOUROUX trouve ces idées très justes et très généreuses. Aussi, il se demande s'il ne faudrait pas les élargir et les compléter en demandant une législation spéciale, de nature à favoriser la constitution et la conservation des petits domaines ruraux de terres agglomérées. Un premier moyen pour parvenir à ce but serait l'extension de la quotité disponible, au profit exclusif de ces petits domaines et dans le but de les conserver intégralement ; et, à titre de compensation, le bénéficiaire de la quotité disponible devrait être chargé seul des soins à donner à ses père et mère et serait tenu de contribuer au paiement des dots de ses frères et sœurs. D'autres moyens résulteraient de la diminution des droits de vente pour les acquisitions tendant à l'agglomération, de la faculté pour les père et mère de transmettre intégralement le petit domaine, à charge de soultes qui ne subiraient aucun droit d'enregistrement ; enfin ces mesures principales pourraient être accompagnées d'autres mesures de détail.

Après ces observations, M. le Président propose aux trois auteurs de ces différentes propositions de s'entendre pour la rédaction d'un vœu unique, et renvoie la suite de la discussion à la séance suivante.

La discussion sur le troisième vœu, relatif à la libre composition des lots dans les partages, est reprise. L'un des membres n'en trouve pas la rédaction satisfaisante et demande quelle peut être son utilité. On lui répond que la loi actuelle, telle que l'interprète la jurisprudence, oblige les tribunaux et les ascendants, quand ils procèdent à un partage, de comprendre dans le lot de chacun des enfants une égale quantité de meubles et d'immeubles, ce qui conduit à un morcellement déraisonnable et exagéré ; qu'en particulier, dans les partages d'ascendants, cette obligation est souvent une cause de nullité et produit cet effet que des contestations et des procès naissent de l'acte même destiné à les éviter ; aussi les tribunaux et les jurisconsultes, à quelque opinion qu'ils appartiennent, quelles que soient leurs doctrines sur l'extension de la quotité disponible, sont unanimes à réclamer la réalisation du vœu ci-dessus.

Le même membre se rend difficilement compte qu'il soit possible d'annuler un acte de partage auquel les père et mère et les enfants ont tous consenti. On lui fait remarquer que les causes de nullité dépendent de la loi, et qu'en matière de partage des ascendants, la loi et la jurisprudence ont tellement accumulé les actions en nullité, en rescision ou en lésion, et ont tellement prolongé la durée de leur exercice, qu'il n'est peut-être aucun autre acte qui soit à la fois plus désirable et plus dangereux pour la paix des familles. Comme il s'agit de faire disparaître une de ces causes de nullité, il semble donc qu'il ne puisse y avoir d'opposition. — Après ces explications et observations, le troisième vœu est adopté.

M. le Président renvoie la suite de la délibération à la séance suivante.

TROISIÈME SÉANCE

La séance est ouverte à une heure et demie du soir par M. le Président.

M. Vigouroux donne lecture du vœu rédigé par lui de concert avec MM. de Scorbiac et le docteur Auteface. La Chambre adopte ce vœu :

4. — Que la loi favorise, par des dispositions spéciales, la constitution et la conservation des petits domaines ruraux de terres agglomérées.

Notamment, qu'en présence du courant d'émigration à l'étranger, par suite des malheurs de l'agriculture, et en présence de terres considérables expropriées, tant en France qu'en Algérie, et tombées entre les mains de sociétés foncières, terres qui sous cette direction restent presque toujours improductives de revenus et conséquemment sont invendables, l'Etat s'entend avec ces grandes sociétés pour un lotissement avec constructions et aménagements favorables au repeuplement des campagnes ; que ces lots avec quelques avances en nature puissent être cédés à des familles de cultivateurs laborieux, qui, sous forme de fermages annuels, se libéreraient par annuités, soit en argent, soit au besoin en nature, du capital et des intérêts représentés par leur domaine.

Sur le quatrième vœu, quelques membres objectent qu'il ne faut pas rendre les biens inaliénables, ni revenir à des dispositions surannées, analogues à celles du régime dotal qui sont actuellement vues avec défaveur, à cause des frais de justice qu'elles nécessitent. Mais d'autres font observer qu'un bien peut être insaisissable sans être inaliénable, qu'il en est ainsi notamment des outils des artisans, des rentes sur l'Etat, des obligations du Crédit foncier ; que cette contradiction apparente, résultant de ce qu'un bien est inaliénable tout en étant insaisissable, n'est pas réelle ; qu'en effet on emprunte plus facilement qu'on ne vend ; qu'une protection spéciale se comprend très bien pour les conséquences du premier acte, sans qu'elle devienne utile ou nécessaire pour le second ; que si l'insaisissabilité des rentes a pour effet de donner aux rentiers plus de sécurité et à l'Etat un crédit plus étendu, la même mesure, appliquée aux petits domaines, sera également favorable à la classe la plus nombreuse et la plus intéressante des cultivateurs, ainsi qu'au relèvement de la propriété rurale aujourd'hui si dépréciée. Quant au régime dotal, on n'a qu'à lire les dispositions de la loi qui l'établissent pour voir qu'il ne se borne pas à l'insaisissabilité, et qu'il rend les biens absolument inaliénables, ce qui est contraire aux légitimes aspirations du droit moderne. — Une autre objection est faite au sujet de la restriction du crédit, par suite de l'insaisissabilité; mais après lecture du projet de rapport sur ce point, le vœu est adopté :

5. — Que le domaine rural puisse être pour partie déclaré insaisissable.

Une approbation complète est donnée au vœu suivant :

6. — Qu'une disposition de loi mette fin à la spéculation à terme sur tous les produits agricoles de première nécessité et que, pour commencer, l'art. 419 du Code pénal soit rigoureusement appliqué.

Au sujet du septième vœu, un membre fait observer qu'il ne faudrait pas entraver ou empêcher le commerce par la dénonciation de ces traités. M. VIGOUROUX répond qu'on ne doit pas confondre les traités de commerce avec les relations commerciales, que ces relations subsisteront, mais qu'elles seront simplement assujetties au tarif général des douanes. Un autre membre fait observer qu'avec l'article 11 du traité de Francfort accordant à l'Allemagne le traitement de la nation la plus favorisée, tout traité de commerce profite à nos voisins de l'Est et contrarie notre liberté. Sur cette observation, le vœu est adopté, mais avec une modification, proposée par M. le Président, et tendant à restreindre le vœu aux produits agricoles :

7. — Que les traités de commerce ne soient pas renouvelés en ce qui concerne les produits agricoles, et que les tarifs de chemins de fer soient révisés de manière à protéger l'agriculture française contre la concurrence étrangère.

Que l'impôt soit établi sur des bases plus équitables et ne pèse pas presque exclusivement sur l'agriculture.

Sur ce vœu, M. le Président déclare qu'une assemblée d'agriculteurs doit demander, en vue de rétablir l'égalité, la suppression de l'impôt foncier perçu au profit de l'Etat; que ce vœu n'est pas téméraire en présence d'un budget de trois milliards et demi, où les économies et des recettes nouvelles peuvent très bien combler un déficit de 118 millions; qu'enfin cette réforme a été proposée par un publiciste très compétent, M. Le Trésor de Larocque. Ce vœu, qui porte le numéro 8 est approuvé avec ces modifications :

8. — Que l'impôt soit établi sur des bases plus équitables et ne pèse pas presque exclusivement sur l'agriculture ; que, dans ce but, la partie de l'impôt foncier perçue au profit de l'État sur la propriété immobilière soit supprimée progressivement au moyen des recettes devant résulter des nouvelles taxes mobilières et des droits de douane, de manière à rétablir, autant que possible, l'égalité d'impôt entre la propriété immobilière et la propriété mobilière.

Que le taux des droits de mutation soit réduit.

L'énormité des droits de mutation par décès fait accepter ce vœu avec une double modification, concernant la déduction des dettes et la suppression des droits de mutation en ligne directe, conformément à la législation existante en 1789. Le vœu est ainsi rédigé :

9. — Que les droits de mutation par décès soient supprimés en ligne directe, que le taux des droits de mutation soit réduit dans les autres cas, et que les dettes ayant date certaine soient déduites de l'actif des successions pour la perception des droits.

Les 10e et 11e vœux sont adoptés sans discussion.

10. — Que l'absentéisme et la désertion des campagnes soient combattus par une bonne législation, notamment par la réforme des lois d'enseignement.

11. — Que les pouvoirs publics répriment les excitations mauvaises qui se produisent par tous les moyens de publicité, et qu'ils réduisent autant que possible le nombre des cabarets et autres établissements immoraux.

Au sujet de la culture du tabac, une discussion s'élève sur le point de savoir comment cette partie du domaine administratif pourrait être soustraite à l'arbitraire. Plusieurs opinions sont émises sur ce point. La Chambre finit par accepter la rédaction ci-après :

12. — Que le gouvernement n'achète à l'étranger que les qualités et quantités de tabacs indispensables ; que la répartition des permis de culture soit faite par un corps électif de planteurs, et que les experts soient également nommés par le suffrage des planteurs.

Plusieurs membres, frappés de la proportion dans laquelle les campagnes contribuent à l'impôt du sang, proposent l'exemption d'un enfant sur quatre dans les familles nombreuses. Ce vœu est adopté dans la forme suivante :

13. — Que le plus âgé de quatre enfants composant une même famille soit dispensé du service actif en temps de paix, et que cette dispense soit répétée s'il y a quatre enfants de plus, et ainsi de suite;

M. le Président appelle l'attention de la Chambre sur le vagabondage et la mendicité dans les campagnes. Un membre se plaint de la tolérance accordée aux tribus nomades, des vexations qu'elles commettent, de l'espionnage auquel elles peuvent se livrer. Sur ces observations, la Chambre adopte en ces termes le quatorzième vœu

14. — Que l'entrée en France des tribus nomades soit réglementée de manière à prévenir leurs déprédations ainsi que toute atteinte à la sécurité nationale par suite d'espionnage; que les autres règlements sur le vagabondage et la mendicité soient exactement appliqués.

Un membre observe que les préfets ont trop de complaisance pour les braconniers, et qu'ils autorisent trop souvent la destruction d'oiseaux utiles à l'agriculture. Le quinzième vœu, relatif à ce projet, est adopté par l'Assemblée :

15. — Qu'un simple arrêté préfectoral ne puisse autoriser, sous aucun prétexte, la destruction des oiseaux utiles à l'agriculture.

La Chambre proposera à la réunion plénière, pour la représenter à l'Assemblée générale, M. le Mis D'ESCAYRAC, conseiller général de Tarn-et-Garonne, et M. Georges MARQUÈS, agriculteur.

M. le Président demande si aucun autre membre n'a de nouvelles observations à présenter. Personne n'ayant demandé la parole, la session est déclarée close.

Le Secrétaire,

A. VIGOUROUX.

INTÉRÊTS COMMERCIAUX ET INDUSTRIELS

PREMIÈRE SÉANCE

LUNDI, 3 JUIN 1889

La séance est ouverte à trois heures de l'après-midi.

M. d'WELLES, au nom de la Commission d'organisation, propose à la Chambre de composer ainsi son bureau :

M. CHAMBERT, industriel à Cahors, *Président.*

M. CAPMAS, négociant à Prayssac, *Vice-Président.*

M. LESTRADE fils, maître serrurier, *Secrétaire.*

Ces choix sont approuvés à l'unanimité, et le bureau ayant pris place, M. le Président donne la parole à M. d'WELLES pour soumettre à la Chambre le rapport de M. FORESTIÉ, imprimeur à Montauban et retenu par ses affaires.

M. d'WELLES donne connaissance à l'Assemblée du rapport de M. FORESTIÉ qui est adopté sans observations et à l'unanimité dans sa teneur générale.

La Chambre décide de passer immédiatement à l'examen des doléances et des vœux contenus dans les cahiers.

Industrie.

1. — L'individualisme, qui caractérise le régime économique actuel et qui aboutit à la lutte sans merci des intérêts personnels, crée pour les patrons une situation précaire, soumise à de grandes éventualités, et produit tantôt des fortunes colossales, tantôt des ruines profondes. (Adopté sans observations.)

2. — L'internationalisation du marché, créée par le développement des moyens de communication, donne à la spéculation une place prépondérante dans la gestion des industries, augmente les incertitudes et l'instabilité de celles qui sont le mieux menées.

M. le Président fait remarquer que le gouvernement lui-même contribue par ses nombreux achats à l'étranger : avoines, chevaux, tabac, à développer le commerce international, et M. CAPMAS ajoute qu'on achète pour les travaux publics du ciment en Angleterre, quoique le Lot produise des ciments qui peuvent rivaliser avec les ciments anglais.

M. d'WELLES cite l'exemple de nombreuses industries qui ont dû disparaître sous l'effort de la concurrence internationale. Il parle notamment de l'usine du Gua (Aveyron), qui a dû complètement s'arrêter parce qu'il lui a été matériellement impossible de fabriquer les rails en acier au prix auquel les Anglais les livrent en France (14 fr. les 100 kilos).

L'article 2 est adopté.

3. — Le manque absolu d'esprit de suite et de sens national dans la direction de nos relations avec l'étranger, les tarifs de chemins de fer, le poids écrasant des impôts, viennent rendre encore plus précaire et plus défavorable, au point de vue de la concurrence, la situation de notre industrie française.

Tous les membres de la Chambre sont unanimes à reconnaître la désastreuse influence des traités de commerce et des tarifs de chemins de fer.

M. le Président fait observer que les plus singulières anomalies se constatent dans les tarifs de chemins de fer, et il signale en particulier ce fait qu'il est plus cher d'expédier directement des marchandises de Cahors à Marseille que de les expédier, d'abord de Cahors à Toulouse, puis de Toulouse à Marseille.

M. LESTRADE fils rappelle que l'article 11 du traité de Francfort pèse lourdement sur la France, soit directement, soit indirectement, et il regrette que des traités de commerce aient été faits si imprudemment, livrant pieds et poings liés notre commerce et notre industrie à l'étranger.

M. d'WELLES cite un fait qui montre bien la force que l'Allemagne a acquise avec son traité de Francfort et ses chemins de fer qui sont, comme chacun sait, exploités par l'Etat. Un fabricant de verres de lampes offre à Toulouse les verres à 7 francs le mille ; il descend à 6 francs si on lui en prend 25,000, il les laisse à 3 fr. 50 si on lui commande un wagon, et il peut faire ces prix, grâce aux tarifs de pénétration en France, et à ce que, en Allemagne, le transport de la fabrique à la frontière française est *gratuit*. Et ce qui prouve bien que cette gratuité de transport n'est pas seulement une prime à l'exportation, mais une machine de guerre dirigée contre l'industrie française, c'est que le même wagon de verres de lampe paie 50 francs de transport, de l'usine à la frontière belge.

L'article 3 est adopté.

Les articles 4, 5 et 6 sont adoptés sans observations :

4. — La situation de l'ouvrier se ressent de cet état de choses qui crée un antagonisme indéniable entre lui et le patron, une profonde incertitude dans sa condition, devenue dépendante des abus du capitalisme, des traités de commerce, et des caprices du marché international.

5. — La législation actuelle est insuffisante pour protéger l'ouvrier, pour lui permettre de profiter des bienfaits de l'association, pour empêcher la désagrégation morale et matérielle de son foyer.

6. — L'école, la mauvaise presse, les excitations à la corruption qu'on ne réprime plus, l'abandon dans lequel il est, ne font qu'exciter ses passions, aggraver sa situation et le rendre redoutable pour la paix sociale.

Arts et Métiers.

Passant à la situation faite aux arts et métiers par la suppression des corporations, les membres de la Chambre sont unanimes à reconnaître que les articles 7, 8 et 9 des doléances sont l'expression de la situation vraie.

M. LESTRADE père rappelle avec émotion les services rendus aux ouvriers par les compagnonnages, associations bienfaisantes qui faisaient de l'apprenti, du compagnon du tour de France, l'enfant d'une grande famille, dans laquelle il était surveillé sans doute, mais assuré de ne jamais manquer de gîte ni de pain.

Une discussion s'élève au sujet de l'apprentissage, et tous reconnaissent qu'il ne se fait plus, que les bons ouvriers disparaissent parce que : 1° il se rencontre peu de patrons assez loyaux pour faire consciencieusement l'apprentissage des enfants qui leur sont confiés, la plupart d'entre eux en faisant des commissionnaires ou des hommes de peine; 2° les parents et les apprentis eux-mêmes veulent immédiatement gagner un salaire auquel ils n'auraient pas droit ; 3° les clients cherchent plutôt le bon marché que la belle marchandise ou le beau travail.

Plusieurs membres estiment que la conservation du livret est une garantie pour le bon ouvrier et qu'elle serait désirable; ils expriment également le vœu que l'apprenti soit, comme jadis, nourri et logé chez le patron.

Les articles 7, 8 et 9 sont adoptés :

7. — L'individualisme, créé par la suppression violente et radicale des corporations et du droit d'association en 1791, a compromis gravement les intérêts des arts et métiers, livré les artisans sans défense à une concurrence illimitée et à l'absorption de leur profession par des monopoles de fait.

8. — La décadence de l'apprentissage, la déloyauté dans la qualité des produits, fruits de la concurrence et de l'individualisme, ont abaissé le niveau des professions des arts et métiers et rendu leur existence difficile.

9. — L'ouvrier d'arts et métiers, plus dépourvu encore que l'ouvrier de la grande industrie d'institutions de prévoyance, est, non moins que ce dernier, dénué de tout secours quand arrive la maladie, le chômage ou la retraite.

Commerce.

L'article 10 des doléances est adopté, comme constatant le véritable état des choses :

10. — La situation commerciale est mauvaise, et cela tient à diverses causes.

— Les petits centres sont désertés pour les plus gros, et les grands magasins, qui vont recruter leur clientèle jusque dans les pays les plus reculés, ruinent le petit commerce, auquel les déballeurs et vendeurs sur la voie publique viennent, en outre, faire une redoutable concurrence.

Sur les articles 11 et 12, divers membres déclarent qu'il en est du petit commerce comme du petit domaine agricole; le prêt à intérêt, qui devient facilement et rapidement de l'usure, le tue à bref délai. Peut-il en être autrement dans une société qui ne reconnaît d'autre droit que celui du plus fort, et qui, après avoir supprimé la limitation du taux de l'intérêt en matière commerciale, tolère que, en plein dix-neuvième siècle, il soit fait des billets renouvelables tous les dix jours, comme cela se voit journellement?

11. — La liberté illimitée du commerce favorise les gros capitaux, surtout ceux accumulés par les sociétés financières, et, sans améliorer la condition de l'ouvrier, rendent impossible le petit commerce.

12. — Les lois sur les sociétés commerciales favorisent la spéculation et l'improbité aux dépens du travail producteur et honnête.

Les articles 11 et 12 sont adoptés.

L'article 13 qui vise les jeux de bourse, les accaparements, semble à quelques-uns insuffisamment énergique. — Il y a des gens qui ne vivent que de la spéculation, et la Bourse, avec son marché à terme sur des valeurs souvent fictives, est une des plus grandes causes de la démoralisation de notre époque et de son dégoût païen pour le travail.

Quant aux accaparements, tout le monde a présent à la mémoire les trois accaparements les plus récents : celui de 1887 sur les cafés, celui de 1888 sur les cuivres, celui de 1889 sur les sucres.

Pour les cafés, tandis que la production totale du globe n'est que de 10 millions de balles, en 1887, on a fait des négociations sur 52,795,000 balles, ce qui représente une spéculation sur 6 milliards et demi et une commission payée aux courtiers de 100 millions, commission que le pauvre consommateur a eu en fin de compte à payer.

Pour les cuivres, le stock de cuivre accumulé par cette spéculation insensée et immorale était en février dernier de 150,000 tonnes, sur lesquels les malheureux actionnaires des sociétés engagées perdront 100 millions, tandis que les gros financiers juifs, prudemment sortis à temps, auront accumulé d'énormes bénéfices.

Quant aux sucres, l'augmentation de leur prix à l'heure présente est le résultat d'une opération d'accaparement qui doit durer six mois.

L'article 13 est adopté dans la forme suivante :

13. — La spéculation à terme produit des fortunes scandaleuses à côté de désastres inouïs, elle jette la perturbation dans les prix qui ne sont plus que fictifs, et ruine les transactions sérieuses sans rendre aucun service de transport et de circulation.

La séance est levée à quatre heures et demie.

DEUXIÈME SÉANCE

4 JUIN 1889

La quatrième Chambre a tenu le 4 juin, à neuf heures du matin, sa deuxième séance sous la présidence de M. CHAMBERT.

L'ordre du jour appelle la discussion de la quatrième et dernière doléance.

— 55 —

M. d'WELLES donne quelques explications sur la mobilisation de la propriété foncière telle qu'elle a été entreprise en Algérie par les lois du 26 juillet 1873 et du 28 avril 1887 et telle qu'on la prépare par l'application du système de l'Act Torrens, et il montre combien un pareil procédé, introduit en France comme le demandent plusieurs députés, M. Yves Guyot actuellement ministre notamment, amènerait des ruines pour le petit propriétaire et de facilités pour la spéculation.

M. le Président fait remarquer que les expropriations se font trop vite et que la terre qui constitue le sol national, l'élément matériel principal de la patrie, le foyer de la famille, et qui nous fournit notre nourriture, ne peut être considérée comme une propriété ordinaire. Sa possession crée de graves devoirs, et le législateur doit l'entourer de garanties spéciales. Avant 89, la terre restait dans la famille et l'exproprié avait dix ans pour rembourser son dû et reprendre son bien, c'était une sage réminiscence de la loi de Moïse.

14. — La mobilisation de la propriété foncière, déjà commencée en Algérie, serait désastreuse non seulement pour l'agriculture, mais pour le commerce, auquel elle apporterait un nouvel élément de spéculation stérile (adopté).

Industrie.

Sur le premier vœu, M. d'WELLES fait ressortir l'importance qu'aurait pour la société, tant au point de vue de la stabilité et de la paix sociales qu'au point de vue de la perfection des produits, la conservation de l'industrie et de l'atelier dans une même famille.

M. le Président fait remarquer qu'en Angleterre le père est autorisé à déshériter même ses enfants, tandis qu'en France, simple administrateur de leurs biens et dépourvu d'une liberté suffisante, il est forcé de partager entre eux également.

M. LESTRADE père montre par des exemples comment la législation actuelle met le père dans l'impossibilité de rétablir la justice à son foyer, et combien l'extension de la liberté testamentaire s'impose à tous égards.

M. DELSAUD partage absolument cette manière de voir, mais il croit qu'une exagération dans le sens d'une liberté trop grande laissée au père serait imprudente dans l'état de nos mœurs et ouvrirait la

5

porte à de nombreux abus. Il demande le vote de l'article premier
avec l'addition du mot *modérée*.

M. FORESTIÉ est de l'avis de M. DELSAUD, et ajoute qu'il ne faudrait
pas, qu'interprétant mal notre pensée, on crût que nous voulons,
sous une forme déguisée, rétablir le droit d'aînesse.

La Chambre, affirmant qu'elle ne veut en aucune manière rétablir
le droit d'aînesse, mais seulement agir dans l'intérêt de la société, de
l'industrie et du commerce, vote l'article 1er avec l'addition demandée
par M. DELSAUD.

1. — Que la législation favorise la stabilité de la famille et de l'industrie en réformant le régime successoral et en favorisant la transmission familiale des industries patrimoniales par la modification des
articles 826 et 832 du Code civil et l'augmentation modérée de la
quotité disponible.

Sur l'article 2, M. LESTRADE père, revenant sur les avantages du
compagnonnage et des corporations, déclare que l'ouvrier ne retrou-
vera la tranquillité, la sécurité du lendemain, l'assurance d'un salaire
suffisant que par le rétablissement des corporations communes de
patrons et d'ouvriers. Il est l'interprète des uns et des autres en
exprimant ce vœu à propos d'une disposition qui doit protéger l'ouvrier.

Comme les avantages réclamés en faveur des travailleurs par l'article 2 paraissent trop considérables, on fait remarquer qu'une loi de
1884 a déjà essayé, inutilement parce qu'elle n'est pas appliquée,
de réduire les frais de vente et de partage pour les petits héritages,
que la loi du 22 floréal an VII, que les articles 581, 592 du Code de
procédure ont introduit dans notre droit le principe de l'insaisissabilité, que l'article 580 du même Code a introduit le principe de l'insaisissabilité d'une partie du salaire des fonctionnaires. L'insaisissabilité du foyer de l'ouvrier rentre implicitement dans l'esprit de l'article 592, parce que le foyer est un outil, un instrument indispensable
à l'exercice tranquille de sa profession, de même que l'insaisissabilité
de son salaire rentre dans l'article 580. Si ces dispositions réduisent
le crédit de l'ouvrier, c'est un bienfait pour lui, une diminution d'influence pour les usuriers.

L'article 2 est adopté sous le bénéfice de ces observations :

2. — Que la législation favorise la constitution d'un foyer à la
famille ouvrière par des dispositions qui la mettent à l'abri d'une

licitation, d'une saisie, d'un partage entre mineurs, et protège les ouvriers en déclarant incessible et insaisissable une quotité déterminée de leur salaire.

Sur l'art. 3, M. le Président proclame que le dimanche est un jour de repos, obligatoire au nom de la loi religieuse et morale comme au nom de la loi physique, et que, pour mettre tous les industriels et commerçants sur le pied d'égalité dans la concurrence, il est bien nécessaire que la loi intervienne.

Sur la proposition de M. VINEL, la Chambre apporte cependant une restriction en faveur des commerces d'alimentation et une addition pour les fêtes légales.

M. DELSAUD insiste pour que la séduction bien nettement prouvée soit en France, comme en Prusse, en Angleterre, aux Etats-Unis, considérée comme un délit pour protéger la jeune fille.

L'article 3 est adopté dans la forme suivante :

3. — Que la législation intervienne pour réprimer les violations de la loi morale dans l'ordre économique :

a) En imposant l'obligation du repos du dimanche et des fêtes reconnues par la loi, sauf pour le commerce de l'alimentation ;

b) En réprimant la séduction ;

c) En réprimant le travail excessif des femmes et des enfants ;

d) En édictant les mesures nécessaires pour préserver les ouvriers des dangers des moteurs mécaniques et des substances chimiques toxiques.

4. — Que la France recouvre en 1892, par la dénonciation de tous les traités de commerce, sa liberté économique, et que les produits étrangers supportent à leur entrée en France des taxes équivalentes aux charges que supportent les produits nationaux (adopté).

5. — Que l'Etat réserve à l'industrie nationale tous les achats, tous les travaux payés par le trésor public (adopté).

6. — Que le gouvernement réduise les dépenses et pratique la politique des dégrèvements (adopté).

La séance est levée à dix heures et demie.

———

TROISIÈME SÉANCE

4 JUIN 1889

La quatrième Chambre s'est réunie pour la troisième fois le 4 juin, à une heure trois quarts du soir, au lieu ordinaire de ses séances, sous la présidence de M. CHAMBERT, président.

Au début de la séance, M. Forestié donne quelques explications sur l'instabilité de l'industrie, et cite la concurrence que la machine fait et fera davantage encore peut-être aux dernières industries de notre Quercy, notamment à la chapellerie, qui emploie si heureusement et si utilement tant de travailleurs manuels.

Revenant sur l'article 2 des vœux, M. Forestié condamne les cités ouvrières dont cet article favorisera la création. C'est en éloignant les ouvriers des centres, en les parquant loin de leurs patrons, des familles aisées avec lesquelles autrefois ils avaient d'heureux contacts, favorables à l'union des classes, qu'on a abandonné l'ouvrier aux meneurs et aux exploiteurs de sa loyale crédulité.

M. le Président ne croit pas que l'article 2 suppose nécessairement la cité ouvrière, et la Chambre, tout en appréciant les idées de M. Forestié, partageant la manière de voir de son président, confirme son vote sur l'article 2.

Sur la proposition de MM. Lestrade et Forestié, l'article 7 est disjoint pour affirmer deux idées différentes : la nécessité de reconnaître aux artisans la liberté complète de s'associer, en face de la liberté complète donnée au capital, et le droit de mettre au service des associations l'influence des idées religieuses et morales et le dévouement comme la générosité des hommes de bien qui veulent servir les petits et les faibles.

Cette proposition est adoptée unanimement et l'article 7 devient :

7. — Qu'une personnalité civile plus étendue soit reconnue par la loi aux syndicats professionnels mixtes, seul moyen de permettre aux artisans de se défendre contre la concurrence des monopoles créés par les sociétés anonymes.

8. — Que la même loi reconnaisse aux syndicats mixtes le droit de s'occuper non seulement des intérêts professionnels et économiques de ses membres, mais encore de leurs intérêts moraux, et qu'elle permette, avec les réserves qui seront jugées nécessaires, l'introduction dans les syndicats de membres honoraires étrangers à la profession.

9. — Qu'une législation sociale, fondée sur les principes de morale qui sont le fondement des sociétés, réprime les jeux de bourse, prohibe, dans la mesure du possible, les marchés à terme sur les valeurs fictives (adopté).

La loi de 1867 permet des fraudes effrayantes que la presse a signalées et qui accumulent les ruines des petits capitalistes incapables de se défendre. Le titre au porteur n'est pas autre chose qu'un instrument de jeu, et cette propriété, anonyme comme un billet de banque, est anti-sociale, augmente les inconvénients des sociétés anonymes sans constituer par elle-même un élément indispensable aux transactions sérieuses.

L'article 10 est donc adopté :

10. — Que la loi sur les sociétés commerciales, et sur les sociétés anonymes en particulier, soit réformée, édicte les mesures les plus rigoureuses pour empêcher les fraudes et prépare la suppression des titres au porteur.

11. — Que l'article 419 du Code pénal soit mis en vigueur et soit au besoin complété par de nouvelles dispositions, s'il n'est pas suffisant (Adopté).

12. — Que le cumul des différents commerces dans les mêmes mains cesse d'être favorisé par les lois et soit même entravé par des mesures fiscales (Adopté).

Sur la proposition de divers membres de la Chambre, on adopte les vœux suivants :

13. — Que les tribunaux de commerce soient supprimés dans les villes d'une population au-dessous de 25,000 âmes.

14. — Que les déballeurs soient imposés à une patente supplémentaire en dehors de la patente normale qui les frappe.

Sur la proposition de M. FORESTIÉ, on adopte les autres vœux suivants :

15. — Qu'il soit procédé à un remaniement complet de la classification des différents commerces et industries pour établir une nouvelle répartition des classes de patentes.

16. — Qu'il soit établi plusieurs catégories de patentes pour les classes n'en ayant qu'une, étant entendu que le produit moyen nouveau équivaudra au produit moyen actuel.

17. — Que l'écart entre le droit fixe qui frappe les industries et les commerces similaires, selon l'importance de la population des villes où ces commerces et ces industries s'exercent, soit diminué.

18. — Que les représentants et voyageurs des maisons étrangères soient traités, au point de vue des impôts en général, aux mêmes taux que les représentants et voyageurs français à l'étranger, lorsque ces taux sont supérieurs à ceux dont ils sont déjà frappés en France en vertu des lois existantes.

M. VINEL trouve que les syndicats agricoles abusent du droit d'achat en gros. Tout en reconnaissant volontiers les grands services qu'ils rendent, il voudrait qu'ils pratiquassent davantage le système de l'adjudication qui permettrait aux négociants locaux de faire des fournitures et il propose le vœu suivant:

19. — Que l'administration des contributions directes se montre

plus sévère dans la recherche des personnes qui font acte de commerce et les impose à la patente des représentants ou des négociants, suivant les cas (Adopté).

Personne ne demandant la parole, et l'ordre du jour étant épuisé, M. le Président déclare que la quatrième chambre a fini ses travaux et lève la séance à quatre heures trois quarts. Elle désigne pour être proposés à la réunion plénière comme délégués du commerce et de l'industrie à l'assemblée de Paris, MM. CAPMAS et FORESTIÉ.

Le secrétaire,

Jules LESTRADE.

TROISIÈME PARTIE

Réunions plénières.

PREMIÈRE RÉUNION PLÉNIERE
(Voir première partie, page 1.)

DEUXIÈME RÉUNION PLÉNIÈRE

LUNDI, 3 JUIN

La séance est ouverte à huit heures du soir, sous la présidence de M. le vicomte d'ARMAGNAC, assisté de MM. de PASCAL et DELBREIL, vice-présidents.

Un grand nombre de dames assistent à la séance, manifestant ainsi le vif intérêt qui s'attache aux travaux de l'Assemblée.

L'un des Secrétaires fait connaître la composition des bureaux des différentes Chambres, et M. d'ARMAGNAC, président de l'Assemblée, prononce le discours suivant :

MESDAMES, MESSIEURS,

Il en est des événements historiques comme des grands monuments de l'architecture. Il faut les voir d'une certaine distance pour en saisir le plan général, pour en faire, en quelque sorte, la synthèse. Si l'on veut les examiner de trop près, l'œil se perd dans les détails et ne peut en suivre les grandes lignes.

Or, aujourd'hui, nous sommes séparés par tout un siècle du grand fait de 1789 ; nous pouvons donc le considérer dans son ensemble et rechercher si ses conséquences ont été heureuses ou funestes pour notre pays.

Il est certain qu'à la fin du dix-huitième siècle, de grandes réformes étaient devenues nécessaires.

Il fallait faire disparaître les derniers vestiges du régime féodal qui avait été le gouvernement naturel du pays au moyen âge, mais qui n'avait plus de raison d'être en 1789.

Il fallait répartir l'impôt d'une manière plus uniforme et plus équitable.

Il fallait donner à la France une représentation plus efficace et rendre périodiques les réunions des Etats-Généraux.

Il fallait faire cesser les abus qui s'étaient glissés dans la collation des bénéfices ecclésiastiques.

Ces réformes et bien d'autres ont été accomplies, grâce au concours de toutes les classes et, en particulier des ordres privilégiés, qui ont été les premiers à les provoquer avec un désintéressement au-dessus de tout éloge. (Applaudissements.)

Et cependant, ces réformes n'ont pas donné à la France tout le bonheur qu'elle en attendait; elles ne lui ont pas procuré un état social plus paisible, plus prospère que celui dont elle jouissait sous l'ancien régime.

Car enfin, cet ancien régime, si décrié, si détesté, avait porté notre pays à un haut degré de prospérité et de grandeur; il marchait à la tête de la civilisation et le roi de Prusse, Frédéric II, disait :

« Si j'avais l'honneur d'être roi de France, pas un coup de canon « ne se tirerait en Europe sans ma permission. » (Applaudissements).

Sous l'ancien régime, le pouvoir était stable; l'autorité était respectée; l'avenir des ouvriers était assuré, grâce au régime corporatif, et, depuis la Fronde, c'est-à-dire depuis cent cinquante ans, la société française n'avait été troublée par aucun désordre sérieux.

Et aujourd'hui que se passe-t-il dans notre France moderne?

L'autorité est méprisée dans l'Etat comme dans la famille; le pouvoir est instable, à tel point que les révolutions reviennent périodiquement à 15 ou 20 ans d'intervalle, et nous en sommes toujours à nous demander si nous échapperons à l'anarchie par la dictature ou à la dictature par l'anarchie.

Les ouvriers ne peuvent plus compter sur le pain de chaque jour; ils subissent les conséquences de toutes les crises commerciales; hier dans l'abondance, ils seront peut-être demain dans la plus affreuse misère. La licence de la presse et du théâtre a corrompu les nouvelles générations jusqu'aux moelles; l'immoralité coule à pleins bords, et les statistiques judiciaires accusent un accroissement incessant dans le nombre des crimes.

Ce sont là de grands maux, Messieurs, et l'on peut se demander s'ils ne compensent pas et au delà les avantages obtenus par les réformes légitimes de 1789. (Applaudissements.)

D'où vient donc que le mouvement réformateur de la fin du siècle dernier n'a pas donné les résultats que nos pères s'en étaient promis?

Il y a à cela bien des causes et leur recherche fera l'objet de nos études pendant la durée de cette session.

Mais, nous pouvons le dire d'ores et déjà, la cause principale, la cause première, c'est l'oubli, c'est le mépris de Dieu. (Bravos.)

Les hommes qui ont réussi, presque dès le début, à faire dévier le courant réformateur de 1789 et à le transformer en un torrent révolutionnaire, ces hommes pervers ont cru pouvoir se passer de Dieu pour la réorganisation de la société française.

Or, c'est Dieu, Messieurs, qui a créé l'homme et qui en a fait un être sociable. Il est donc le premier organisateur, le premier fondateur des sociétés; il a nécessairement prévu les rapports qui devaient exister entre les divers individus et les divers groupes sociaux; il a le secret des harmonies sociales.

Et de même que dans une montre, il faut, pour qu'il y ait harmonie, que tous les rouages se meuvent conformément au plan de l'horloger, de même il faut que dans le corps social tous les individus comme tous les groupes agissent conformément au plan divin.

« Dieu dans la société, a dit M. de Champagny, c'est la loi du devoir enseignée à tous, et par conséquent c'est le droit de chacun sauvegardé, car le droit de chacun ne peut être assuré que par l'accomplissement du devoir de tous. Par conséquent Dieu dans la société, c'est l'ordre, c'est la paix, c'est l'harmonie. Au contraire, Dieu chassé de la société, il ne reste plus que la volonté humaine ou plutôt les volontés humaines égoïstes, capricieuses, contradictoires; et de là résultent toutes sortes de troubles et de dissensions. » (Applaudissements.)

C'est pour avoir méconnu cette vérité que la Révolution n'a pu tenir ses promesses. Elle ne nous a donné aucun des biens que la France en attendait. Elle n'a pu nous donner la vraie liberté parce qu'elle n'a pas compris quelles étaient les conditions nécessaires à l'exercice de cette liberté.

A l'appui de cette assertion, je ne citerai qu'un exemple :

On a cru prendre une mesure libérale en rapportant la loi qui rendait obligatoire le repos dominical. De cette façon, disait-on, chacun sera libre d'agir à sa guise. Ceux qui voudront se reposer le dimanche, se reposeront; ceux qui voudront travailler, travailleront.

Mais « comme la sagesse humaine est toujours courte par quelque endroit », on n'a pas songé que la plupart des hommes vivent dans la dépendance d'autrui. Le fils vit dans la dépendance de son père, l'ouvrier vit dans la dépendance du patron, de telle sorte qu'à défaut d'une loi formelle obligeant tout le monde au repos dominical, il est certain que dans bien des cas l'avarice du patron contraindra l'ouvrier à consacrer au travail les jours qui devraient être consacrés au repos. Combien de fois m'est-il arrivé, en allant, le dimanche matin, porter à une pauvre famille d'artisans l'aumône qui lui avait été allouée par la conférence de Saint-Vincent-de-Paul, de demander où était le maître de la maison, le chef de la famille ; et l'on me répondait bien souvent : Il est au chantier ou à l'atelier. — Et si je manifestais mon étonnement, on ajoutait : Le patron exige que ses ouvriers travaillent aussi le dimanche, sans cela, il refuserait de leur donner de l'ouvrage.

Donc, messieurs, le repos du septième jour ne peut être assuré aux petits et aux faibles que par une loi de l'État contraignant les puissants et les forts à le leur accorder.

Cependant, ce repos du septième jour est absolument nécessaire aux travailleurs; il est nécessaire à la santé de son corps comme à la santé de son âme.

Pendant la première Révolution, la durée de la semaine avait été allongée, et le jour de fête fixé au décadi. Or, nos grands-pères nous ont raconté dans notre enfance que les ouvriers éprouvaient une difficulté presque insurmontable à travailler le septième jour, et qu'après six jours de labeur ils ressentaient un besoin irrésistible de repos. Les animaux eux-mêmes subissaient, dit-on, cette influence, et on avait de la peine, le dimanche, à les atteler à la charrue.

Donc, il faut que le repos dominical soit assuré aux travailleurs.

Il faut, en outre, que le jour du repos soit sanctifié par la prière.

« La foi, a dit Bacon, est un aromate qui empêche la science de se corrompre ». Et moi, je dirai : La prière est un aromate qui empêche les jours de fête de dégénérer en jours de débauche et d'orgie (applaudissements). N'avez-vous jamais remarqué le contraste qui existe entre les conséquences du repos du dimanche et celles du chômage du lundi? Voyez cette honnête famille d'ouvriers qui rentre chez elle le dimanche au soir, après avoir chrétiennement employé sa journée : le matin, elle a assisté aux offices de l'Eglise, et puis elle est allée dans la campagne respirer un peu d'air pur. Et maintenant elle regagne son domicile, heureuse du bon emploi qu'elle a fait de son temps. La mère donne la main à sa petite fille, le père porte dans ses bras son plus jeune fils endormi, et il sent avec délices, contre sa joue, la tête blonde de son enfant. La famille tout entière va se livrer au sommeil, et demain elle sera toute disposée à reprendre son labeur accoutumé.

Au contraire, voyez cet homme qui traverse nos rues le mardi matin, après avoir chômé le lundi. Ses yeux sont hagards, ses vêtements sont en désordre, sa démarche est chancelante. Il est un objet de dégoût et de risée pour la foule qui le voit passer. Il monte avec peine l'escalier qui conduit à sa mansarde, et, en ouvrant la porte, il aperçoit, devant un foyer sans chaleur, sa femme et ses enfants déguenillés. Et si sa malheureuse compagne veut lui adresser quelques reproches au sujet de son inconduite, il lui répond par des injures, et quelquefois par des coups. Voilà, messieurs, les funestes résultats que l'on a obtenus en abrogeant les lois qui faisaient respecter le jour du Seigneur.

La mesure prise par la Révolution est par conséquent une mesure tyrannique, car la tyrannie, c'est la volonté de l'homme substituée à la volonté de Dieu. (Bravos.)

La Révolution n'a donc pas su nous donner la liberté.

J'en dirai autant de l'égalité.

L'égalité, messieurs, est une chimère. Elle est impossible à réaliser sur la terre. Dieu ne l'a pas voulue.

Et la meilleure preuve, c'est qu'il a distribué inégalement ses dons entre les hommes. Les situations sociales sont les résultantes de diverses forces. Or, tant que ces forces seront inégales, les résultantes seront forcément inégales ; et tant qu'il plaira à Dieu de faire naître les hommes inégaux en intelligence, en santé, en forces physiques et morales, il y aura parmi nous des riches et des pauvres, des puissants et des faibles, des gouvernants et des gouvernés. Donc, l'égalité est, je le répète, impossible à réaliser ici-bas, et nous devons nous résigner à la hiérarchie. Mais cette hiérarchie est bien aisée à supporter dans une société chrétienne.

Le supérieur chrétien sait, en effet, que son pouvoir vient de Dieu, que son intelligence, que sa fortune lui ont été données par Dieu. Il voit en outre dans son inférieur une créature faite comme lui à l'image de Dieu. Enfin il sait que la hiérarchie terrestre disparaîtra bientôt pour faire place à la hiérarchie céleste, dans laquelle chacun aura le rang qui lui sera attribué par son mérite et ses vertus.

Aussi le supérieur chrétien n'est-il pas tenté de s'enorgueillir. Il commande sans doute à son inférieur; mais il lui commande avec bonté, il lui commande avec respect. Et de son côté, l'inférieur voit aussi la main de Dieu dans la hiérarchie sociale. Il sait qu'en obéissant à son supérieur, c'est à Dieu lui-même qu'il obéit; et alors il obéit avec noblesse, il obéit avec fierté, car il ne saurait y avoir d'humiliation à se soumettre et à obéir à Dieu. Ah! je comprends que l'ouvrier impie se résigne avec peine à son humble situation! Lorsqu'on ne travaille, en effet, que pour satisfaire à ses besoins matériels, on peut être humilié de sa scie, de son rabot et de sa main calleuse. Mais lorsqu'on sait que le travail est un moyen d'expiation, de sanctification, lorsqu'on sait qu'en se livrant aux plus modestes et aux plus triviales occupations, on fait l'œuvre de Dieu, on coopère au plan divin, oh! alors on ne saurait rougir du rôle qui vous a été attribué par la Providence. Comment, d'ailleurs, l'ouvrier chrétien rougirait-il de son état, lorsqu'il voit sur les murs de son église paroissiale saint Joseph et l'enfant Jésus, représentés dans l'atelier de Nazareth et maniant les plus vulgaires outils? Aussi n'éprouve-t-il aucun sentiment d'ambition ou d'envie, il ne cherche pas à s'élever sur les épaules de ses semblables; car il sait bien que sa dignité personnelle n'est nullement en raison du rang qu'il occupe dans le monde, mais uniquement de la conformité de sa volonté avec la volonté de Dieu. Il passe toute la journée courbé sur son sillon ou son établi, et le soir venu, il se redresse fièrement pour dire à Dieu: Seigneur! j'ai aujourd'hui combattu le bon combat, j'ai obéi à votre loi, j'ai supporté le poids du jour. A vous maintenant de m'accorder la récompense que vous m'avez promise! (Bravos.)

Pour vous donner une idée, Messieurs, des relations qui existaient entre les diverses classes, dans notre vieille société chrétienne, je vous citerai un trait, emprunté à la vie de Mme Louise de France, fille de Louis XV. Cette princesse, qui mourut plus tard sous le voile des Carmélites, était née avec un noble cœur, mais avec une grande impétuosité de caractère.

Or, un jour qu'elle était seule, avec une des femmes attachées à son service, il s'éleva entre elles deux une vive altercation; et comme la suivante résistait à la princesse, avec une certaine opiniâtreté, celle-ci finit par lui dire: Mais vous oubliez donc que je suis la fille de votre roi? — Et alors, la suivante répondit avec une noble fierté: Et vous, Madame, vous oubliez donc que je suis la fille de votre Dieu? — C'est vrai, dit la princesse, je l'avais oublié; je vous en demande pardon.

Donc, le christianisme ne nous donne pas l'égalité. Il fait bien mieux ; il nous donne le moyen de nous en passer, en développant dans les cœurs les sentiments de fraternité.

En effet, Messieurs, la fraternité est un fruit du christianisme. Elle n'existait pas dans l'antiquité païenne. Elle n'existait pas entre les diverses nations. La guerre se faisait alors avec une implacable rigueur. Les propriétés privées étaient violées ; les prisonniers de guerre étaient immolés sans pitié. Elle n'existait pas davantage entre les habitants d'une même cité. L'homme sans ressources, le créancier insolvable étaient réduits à l'esclavage ; ils perdaient ainsi leur qualité d'homme et de citoyen. Les magistrats n'écoutaient plus leurs plaintes, et leurs maîtres leur infligeaient pour les plus légères fautes les plus terribles châtiments. Les matrones romaines se faisaient un jeu de piquer avec un stylet d'or le sein de leurs esclaves pour la plus petite négligence ou la moindre maladresse. On a vu des patriciens romains jeter leurs serviteurs trop âgés ou infirmes dans leurs étangs, pour donner à leurs poissons une nourriture plus substantielle et préparer à leur table des mets plus délicats. Bien plus, ces patriciens trouvaient une horrible volupté dans le contraste entre leurs propres jouissances et les souffrances d'autrui. Ils obligeaient des gladiateurs à s'entre-tuer sous leurs yeux pendant qu'ils se livraient eux-mêmes aux plaisirs d'un festin.

Vous connnaissez la fête que se donna un jour Néron, le maître du monde.

Il fit mettre le feu aux quatre coins de sa capitale, pendant que lui-même, monté sur une haute colonne, jouait de la lyre en contemplant le spectacle de l'immense incendie.

> Amis, l'ennui nous tue et le sage l'évite ;
> Venez tous contempler la fête où vous invite
> Néron, césar, consul pour la troisième fois.
>
> . . . .
>
> Venez, Rome à vos yeux va brûler tout entière ;
>
> Qu'un incendie est beau lorsque la nuit est noire !
>
> . . . .
>
> (Victor Hugo, *Un chant de fête de Néron.)*

Et qu'on ne dise pas que c'étaient là des mœurs barbares tendant à disparaître avec les prétendus progrès de la civilisation.

Il y a aujourd'hui une école qui veut voir dans le christianisme un fait purement humain. Elle prétend qu'il n'a été autre chose que la conséquence des progrès antérieurs de l'humanité, qu'il est venu en son temps et en quelque sorte au jour fixé.

L'histoire dément cette assertion. La fondation du christianisme a été l'événement le plus illogique et le plus imprévu. L'Evangile a arrêté l'humanité sur la pente où elle glissait depuis des siècles ; il l'a obligée à rebrousser chemin. Rien ne faisait prévoir l'établissement de cette religion de l'humilité dans un siècle où l'orgueil était considéré comme une vertu ; de cette religion du sacrifice dans une société où l'égoïsme régnait en maître ; de cette religion de la chasteté, dans un monde plongé dans les fanges de la luxure. A mesure que les hommes oubliaient leurs traditions primitives, ils devenaient de plus en plus corrompus. Les Romains contemporains de Notre-Seigneur Jésus-Christ l'étaient bien plus que les fondateurs de la République. Cicéron a dit quelque part : *Sapiens non miseretur*, le sage ne s'apitoie pas sur les souffrances d'autrui. Sénèque a écrit, de son côté : *Misericordia animi vitium est* : la compassion est une faiblesse de l'âme; et Platon, le grand Platon, que ses contemporains ont presque divinisé, trouvait tout naturel que l'immense majorité des hommes fût condamnée au plus dur esclavage pour permettre à quelques privilégiés, à quelques aristocrates, de jouir des plaisirs de la vie.

Dans le paganisme il n'y avait donc pas de fraternité entre les habitants d'une même cité; il n'y en avait pas même entre les membres d'une même famille. Le père était un despote, un tyran, pouvant répudier sa femme lorsque l'âge avait flétri ses traits, dès qu'elle avait cessé de lui plaire. Il gardait toujours le droit de vie et de mort sur ses enfants, et il pouvait condamner à l'exposition, c'est-à-dire aux horreurs d'une mort lente, son fils nouveau-né, s'il croyait avoir déjà au logis assez de bouches à nourrir.

Donc, Messieurs, la fraternité était inconnue dans le paganisme. Et comment en eut-il été autrement avec les doctrines de ces fausses et vaines religions, celle du Boudhisme, par exemple?

Le Boudhisme enseigne à ses disciples que tous les hommes sont fils de Brahma; mais tandis que les prêtres sont issus de son cerveau et les guerriers de son cœur, les artisans et commerçants sont issus de ses entrailles et les parias de ses pieds. Comment, avec de sembla-. bles enseignements, les castes supérieures n'auraient-elles pas pour les inférieures le plus profond, le plus souverain mépris?

Vous connaissez, Messieurs, les théories du darwinisme? D'après ces théories, les hommes ne descendent pas tous du même père et de la même mère, de telle sorte que le nègre ne serait pas le frère du blanc, pas plus que du Peau-Rouge et de l'Australien.

De plus, l'homme n'a pas été créé tel qu'il existe aujourd'hui sur la terre; il aurait commencé par être un chimpanzé ou un kanguroo et il ne serait parvenu à l'état d'homme que par une suite de métamorphoses et de transformations.

Or, avec de pareilles doctrines, je me demande, Messieurs, ce que devient la fraternité humaine? Car enfin, si j'aime cet inconnu que je rencontre par hasard sur mon chemin, c'est parce que je vois en lui mon frère selon la chair, c'est parce que je sais que le sang qui coule dans ses veines coule aussi dans les miennes. Si je le respecte, c'est parce que je sais qu'il est comme moi une créature faite à l'image de Dieu et marquée au front du sceau divin.

Mais si cet homme n'est pas mon frère, s'il n'est pas racheté par le sang d'un Dieu, pourquoi l'aimerais-je, pourquoi le respecterais-je? Sait-on, d'ailleurs, bien exactement, où finit l'animalité et où commence l'humanité? Les grands singes anthropomorphes ne sont-ils pas déjà des hommes? Les nègres, les Australiens ne sont-ils pas encore des animaux? Pourquoi donc l'homme civilisé les respecterait-il? Pourquoi ne les réduirait-il pas en esclavage? Pourquoi ne s'en servirait-il pas comme de bêtes de somme, s'il en a besoin pour labourer ses terres? Pourquoi ne les mangerait-il pas, s'il en a besoin pour assouvir sa faim? En dehors du christianisme, la fraternité tourne logiquement à l'anthropophagie.

Mais avec le christianisme elle se développe rapidement et s'enracine fortement dans les cœurs. Dès que la lumière de l'Evangile eut commencé à éclairer le monde, on vit éclater de toute part des merveilles de fraternité; on vit s'élever comme par enchantement les hospices, les maisons d'asile et de refuge. — Voyez comme ils s'aiment! s'écriaient les païens, en parlant des premiers disciples de Jésus-Christ. Et dans les siècles du moyen-âge, si profondément imprégnés de christianisme, les rois et les puissants se faisaient un honneur de servir les faibles et les petits. Saint Louis, nous dit Joinville, aimait à recevoir les pauvres à sa table royale. Il se tenait debout derrière eux, leur versait à boire, leur distribuait des aliments. La comtesse Sybille de Flandre avait accompagné le comte son époux à la croisade. Lorsque celui-ci fut sur le point de rentrer en Europe, elle lui demanda, comme une faveur, la permission de passer le reste de sa vie dans un hôpital de lépreux, pour donner des soins à ces infortunés.

Ce sont là les fruits du christianisme. Or, la Révolution, en cherchant à étouffer la foi en Jésus-Christ, a par là-même diminué dans les cœurs les sentiments de fraternité. Ils ont été remplacés par la haine et la jalousie. La société est aujourd'hui divisée en deux camps toujours prêts à se ruer l'un sur l'autre. Cet antagonisme entre les classes a amené la formidable insurrection de juin 1848, la commune de Paris en 1871, et l'on peut se demander si la société française n'est pas destinée à périr dans une de ces terribles convulsions.

Et s'il reste encore parmi nous quelques vestiges de l'ancienne fraternité, où les trouverons-nous, Messieurs?

Est-ce dans les lieux où l'on travaille, dans les chantiers, dans les ateliers? Non, Messieurs. Je vois là des hommes qui commandent avec hauteur, avec dureté, et d'autres hommes qui obéissent en murmurant.

Est-ce dans les lieux où l'on s'amuse, dans les cafés, dans les salles de spectacle? Encore moins. Ici, je vois le riche se procurant toutes les jouissances que sa fortune peut lui donner, je vois le pauvre grelotter de faim et de froid à la porte, et si ce malheureux ose pénétrer dans les somptueux palais de la volupté, il est à l'instant même balayé au dehors par les valets de l'homme de plaisir, qui ne veut pas être troublé dans ses fêtes par le spectacle de l'infortune.

Où faut-il donc que j'aille, Messieurs, pour retrouver la fraternité? Uniquement dans les lieux où l'on prie. Voyez devant la porte de cette église ce mendiant couvert de haillons et quelquefois de plaies. Pensez-vous qu'il s'arrêtera sur le seuil? Non, Messieurs, il s'avancera hardiment jusqu'au sanctuaire; il ira s'asseoir sur les degrés de l'autel; il appuiera son corps fatigué contre la grille du chœur. S'il veut faire la communion, il s'agenouillera à la sainte table parmi les notables de la cité. Il ne craint pas d'être chassé de l'église, car il sait bien qu'il est, à l'église, dans la maison de son père; et qui donc oserait chasser un fils de la maison de son père? (Bravos.)

Avez-vous quelquefois réfléchi, messieurs, à cette touchante habitude chrétienne qu'on appelle la distribution du pain bénit ? L'Eglise sait bien que les membres de chaque famille paroissiale ne peuvent vivre d'une vie commune, à cause de leur nombre et de la diversité de leurs conditions. Mais elle veut qu'au moins, une fois par semaine, ils s'asseyent tous à la même table et partagent le même pain pour raviver dans leur cœur le sentiment de fraternité.

La Révolution n'a donc pu nous donner ni la liberté, ni l'égalité, ni la fraternité, parce qu'elle a voulu se passer de Dieu et le chasser de la Société.

Et cet oubli du Souverain Maître et Seigneur a encore entraîné des conséquences d'une autre nature, mais tout aussi funestes pour notre pays.

Soustraits aux influences chrétiennes, les hommes de la Révolution se sont laissé dominer par l'orgueil. Ayant cru pouvoir se passer de Dieu, il ont cru à plus forte raison pouvoir se passer de l'expérience des aïeux. Ils ont cru que leur intelligence et leur expérience personnelles suffiraient à tout. Aussi ont-ils fait table rase du passé. Ils n'ont rien voulu garder des institutions à l'abri desquelles la France avait grandi. Ils n'ont rien voulu garder de la France de saint Louis, de la France de Jeanne d'Arc, de la France de Louis XIV. Et ils nous ont donné ce spectacle unique dans l'histoire, d'un peuple reniant toutes ses gloires, foulant aux pieds toutes ses grandeurs et mettant son honneur à ne dater que d'hier. Ils ont poussé l'infatuation jusqu'à regarder leur œuvre comme supérieure à celle de Jésus-Christ, et ils ont voulu remplacer l'ère chrétienne par l'ère de la Révolution.

Du reste, leurs efforts n'ont pas été couronnés de succès. Presqu'aucune de leurs entreprises n'a réussi, et ils ont atteint sur tous les points un résultat opposé à celui qu'ils espéraient obtenir.

Nous avons vu comment ils ont su protéger le repos du travailleur.

En supprimant les corporations ouvrières et en décrétant la liberté du travail, ils ont mis le faible et le petit à la merci du puissant et du fort.

Par le régime auquel ils ont soumis la propriété foncière, par leurs lois sur les héritages, ils ont livré le champ du pauvre au spéculateur et à l'usurier. (Applaudissements.)

Ils ont supprimé l'ancienne aristocratie fondée sur les services rendus, et ils l'ont remplacée par une ploutocratie juive uniquement basée sur d'habiles coups de Bourse ou d'heureuses opérations financières. (Applaudissements.)

Enfin, ce suffrage universel qu'ils regardaient comme la sauvegarde de toutes les libertés, leur échappe aujourd'hui et les menace de la dictature et du césarisme.

Dieu s'est manifestement ri de leurs efforts ; il a déjoué leurs calculs ; il a confondu leur orgueil comme il confondit jadis celui des constructeurs de la tour de Babel.

Ils avaient promis à la France toute sorte de biens, ils ont attiré sur elle toute sorte de maux.

Or, que devons-nous faire, messieurs, pour remédier à ces maux ? Nous devons d'abord rendre à Dieu la place qui lui est due dans la société, le considérer comme la pierre angulaire, comme la clef de voûte de l'édifice : puis, à la lumière de ses enseignements, rechercher ce qu'il y a eu de bon et de légitime dans les réformes de 1789, confirmer ces réformes, leur donner une consécration nouvelle : cela fait, nous devons étudier les vieilles institutions de notre pays, et faire revivre celles qui nous paraissent pouvoir être utilement appropriées aux besoins de notre société moderne.

De la sorte, Messieurs, en nous appuyant sur Dieu et sur l'expérience de nos pères, nous réagirons contre ce courant révolutionnaire qui nous entraîne depuis si longtemps à la dérive ; nous remettrons notre nation dans la voie que lui avait tracée la Providence. Elle sera de nouveau le soldat de Dieu, la fille aînée de l'Eglise. Par là, elle attirera sur elle les bénédictions d'En-Haut et elle redeviendra bientôt ce qu'elle était jadis : « la gaie France, la douce France, le plaisant « pays de France, le plus beau de tous les royaumes, après celui du « Ciel. » (Applaudissents prolongés).

Après ce magnifique discours, M. le Président donne la parole au R. P. de PASCAL, secrétaire-rapporteur de la première Chambre, pour la lecture du Rapport sur les intérêts religieux.

Intérêts religieux.

Avant 1789, l'Eglise de France, par suite surtout des intrusions du pouvoir civil, n'était pas exempte d'abus. Sa doctrine, grâce au gallicanisme, avait faibli sur certains points, un certain relâchement s'était produit dans la discipline ; le Parlement, par son intervention illégitime, par ses empiètements perpétuels dans le domaine des lois ecclésiastiques, par sa jurisprudence sur le mariage, préparation logique du prétendu mariage civil, frayait le chemin à la Révolution qui allait tout renverser. L'Eglise de France était affaiblie, gênée, entravée dans un Etat qui la reconnaissait bien encore comme la première institution sociale, mais dont les idées et les tendances cessaient de plus en plus d'être inspirées par le véritable esprit du catholicisme.

Quoi qu'il en soit, le vieux clergé français gardait une dignité de conduite, une grandeur d'âme, un sens élevé de sa mission, qui parurent dans tout leur éclat quand vinrent les mauvais jours, et qui lui méritent, à bon droit, le respect et l'admiration de la postérité.

En ce qui touche le clergé comme dans tous les autres ordres de choses, la Révolution ne réforma point : elle renversa. — D'abord, la spoliation la plus inique, spoliation qui profita surtout à des agioteurs, à des spéculateurs, sans relever les finances de l'Etat. Dans la question de l'abolition des dîmes, Siéyès, qui n'est pas suspect, était pour le rachat. Il démontra que la dîme était une charge du fonds, qu'on déduisait en vendant la terre, de même qu'on tient compte, dans l'acquisition d'un domaine, des servitudes dont il est frappé, que sa suppression gratuite enrichissait chaque propriétaire ;

pour faire peser sur la nation tout entière le triple budget du culte, des écoles et de la charité. Soixante-dix millions furent ainsi perdus en un moment par une mesure inique et impolitique.

« Ils veulent être libres, s'écria Siéyès, et ils ne savent pas être justes! »

Après la spoliation, le schisme par la constitution civile du clergé, et, comme réponse à l'héroïque résistance de l'immense majorité des prêtres, la persécution poussée jusqu'aux dernières limites.

Enfin, le calme renaît; la guerre de Vendée, religieuse avant tout, la foi toujours vivace, surtout dans les campagnes, la fidélité du clergé, l'insuccès complet de l'Eglise constitutionnelle donnent à réfléchir au premier consul, et il scelle par le Concordat la réconciliation de la France avec l'Eglise, réconciliation singulièrement facilitée par le rétablissement anticipé du culte dans plus de trente mille endroits. Le Concordat de 1801, qui, dans l'intérêt de la paix et pour le bien des âmes, va jusqu'aux plus extrêmes limites de la condescendance, pourrait être défini : un traité dans lequel le Saint-Siège fait à l'Etat les plus importantes concessions, afin d'en obtenir ce qu'il ne peut refuser sans la plus criante injustice et sans forfaire à ses plus impérieux devoirs. Pour s'en convaincre, il suffit d'une analyse rapide du Concordat.

Napoléon demande à Pie VII la réalisation d'une chose unique dans l'histoire de l'Eglise, la création de tout un monde nouveau : supprimer les évêchés existants dans la vaste étendue de la France et en établir de nouveaux à leur place.

Cette suppression entraînait celle des anciens chapitres, des modifications profondes dans l'antique discipline; en un mot, la transformation de la vieille Eglise gallicane. Le Souverain Pontife, usant de sa puissance absolue, que lui déniaient les anciens Parlements, accéda aux désirs de Napoléon, supprima les anciens évêchés, en créa de nouveaux, demanda leur démission à tous les évêques et déposa ceux qui refusaient de la donner, accorda à son légat les pouvoirs les plus étendus pour la formation de nouveaux diocèses et l'érection de nouvelles paroisses, supprima, annula les statuts, coutumes, même immémoriales, privilèges, indults, concessions et donations faites aux églises supprimées, quand bien même tout cela eût été confirmé par l'autorité apostolique.

Les Souverains Pontifes ont, à l'exclusion du pouvoir civil, le droit primordial et divin de créer des églises particulières, de leur donner des pasteurs et de subdiviser ces églises en paroisses; les évêques ont aussi le droit d'en former de nouvelles dans les diocèses déjà existants, et dont ils ont le gouvernement. Pie VII consentit, dans la mesure permise par les principes, à faire participer le gouvernement français à cette puissance. Il procéda, de concert avec lui, à une nouvelle circonscription des diocèses, lui accorda la désignation des évêques, et réserva au Saint-Siège l'institution canonique (art. 4 et 5), laissa aux évêques le soin de pourvoir aux cures vacantes, mais à condition que leur choix serait agréé par le gouvernement (art. 9 et 10). La Révolution s'était emparée de tous les biens du clergé et les avait en grande partie aliénés. Le Souverain Pontife, « pour le bien de la

6

paix et l'heureux rétablissement de la religion catholique », déclara
que « ni lui ni ses successeurs ne troubleraient en aucune manière les
acquéreurs des biens ecclésiastiques aliénés, et qu'en conséquence la
propriété de ces mêmes biens, les droits et revenus y attachés demeu-
reraient incommutables entre leurs mains ou celles de leurs ayants-
cause » (art. 13). Mais, en même temps, il fut stipulé qu'à titre d'in-
demnité le gouvernement assurerait un traitement convenable au
clergé (art. 14) et qu'il prendrait des mesures pour qu'on pût faire
des fondations en faveur des églises (art. 15).

Tel est, en substance, le Concordat conclu entre Pie VII et Napoléon Ier. A coup sûr, cette convention ne contient rien de contraire aux principes, puisqu'elle a reçu l'approbation du Souverain-
Pontife; et, sans doute, il eût été difficile de mieux obtenir de
Napoléon au sortir de la Révolution. Mais elle est loin d'offrir l'idéal
des rapports de l'Eglise et de l'Etat. Néanmoins, si le Concordat de
1801 avait été fidèlement interprété et appliqué dans sa lettre et dans
son esprit, l'Eglise y aurait trouvé un terrain assez large et assez
solide pour rebâtir le second temple au milieu des vicissitudes des
temps. Mais la vérité est que le Concordat fut brutalement violé dès
le premier jour; les articles organiques qu'aucun gouvernement,
même conservateur, n'a eu jusqu'ici le courage d'abolir, et que tous,
dans une mesure plus ou moins large, ont appliqués, remettaient en
vigueur les pratiques les plus vexatoires de la jurisprudence des
anciens Parlements, en y ajoutant des dispositions dont plusieurs
avaient un caractère manifestement schismatique.

Joignons à cela la sécularisation du mariage, la laïcisation des
cimetières, des hôpitaux et de l'instruction, la difficulté pour l'Eglise
de devenir propriétaire, la défiance à l'égard de toute influence publique du clergé, son éloignement des affaires du pays, etc., etc., et
nous pourrons conclure que sous le régime issu de 89, qu'il soit
césarien ou soi-disant libéral, l'Eglise de France est une Eglise spoliée, entravée, persécutée sous différentes formes, dans un Etat tantôt
légalement indifférent en religion, tantôt manifestement athée,
comme à l'heure présente.

Nous n'avions pas qualité pour tracer un programme de reconstruction, au point de vue des rapports de l'Eglise et de l'Etat en
France; nous serons donc sobre de réflexions. Il est clair que nous
marchons à la rupture du Concordat; l'intérêt seul, un intérêt vulgaire, et la crainte d'une réaction trop vive de la part du plus grand
nombre des catholiques, ou endormis ou plus ou moins illusionnés,
arrêtent les derniers coups que nos adversaires sont prêts à frapper.
Mais une plus forte poussée du flot révolutionnaire peut tout empor-
ter d'un moment à l'autre. Les catastrophes ne sont pas éternelles.
Que demandons-nous, en matière de religion, au gouvernement réparateur qui viendra bander les plaies de la France et dont le premier
devoir sera de reconnaître le droit de Celui de qui découle tout
droit?

Nous serons modestes, et sans renoncer à un idéal que Dieu nous
commande de poursuivre lorsqu'il nous met chaque jour sur les
lèvres cette prière : *Adveniat regnum tuum*, nous nous contenterons

de réclamer, comme un *minimum* que l'on ne saurait nous refuser sans la plus criante injustice : que la loi et les pouvoirs publics assurent :

1° L'obligation du repos dominical ;

2° Le respect et l'application loyale du Concordat dans le sens le plus étendu ;

3° La revision des articles organiques dans un sens largement conforme à l'esprit et à la lettre du Concordat ;

4° La liberté d'association religieuse, absolument nécessaire à l'accomplissement de la mission de l'Eglise ;

5° La liberté pour l'Eglise et les associations catholiques, et dans une mesure fixée d'accord avec le Saint-Siège, d'acquérir et de posséder ;

6° Le remplacement du budget des cultes par une dotation fixe.

Ce beau rapport est salué par les applaudissements de l'Assemblée.

M. le Président met successivement aux voix les différents vœux ci-dessus.

Le premier vœu est adopté sans discussion.

M. LANDRE, avocat à Gourdon, demande le rejet du deuxième vœu et se prononce pour la dénonciation du Concordat. M. le Président fait remarquer que cet amendement, non soumis préalablement à l'examen de la première Chambre, ne peut, d'après le règlement, être soumis à l'assemblée, et après une observation de M. DEPEYRE, et sur sa demande, M. le Président propose le renvoi de l'amendement à la première Chambre.

Au nom de la première Chambre, le R. P. de PASCAL, rapporteur, déclare qu'elle ne pourra examiner cet amendement parce qu'elle ne peut discuter l'existence d'une convention acceptée par le Chef de l'Eglise.

M. de BLAVIEL, vicaire général, président de la première Chambre, appuie la déclaration du Rapporteur.

Devant ces observations, M. LANDRE retire son amendement.

Le deuxième vœu est adopté.

3. — La revision des articles organiques dans un sens largement conforme à l'esprit et à la lettre du Concordat. (Adopté.)

4. — La liberté d'association religieuse absolument nécessaire à l'accomplissement de la mission de l'Eglise.

M. de VALON, avocat à Cahors, présente une observation relative à la rédaction de ce vœu, qui ne lui paraît pas tenir assez compte de l'intérêt qu'il pourrait y avoir pour l'Etat à limiter la liberté d'association religieuse dans le cas, par exemple, où, comme au temps de la Ligue, cette liberté créerait un danger sérieux pour la société.

M. le Rapporteur répond que, si l'on peut discuter les procédés de la Ligue, on ne peut lui refuser d'avoir rendu à la France l'inappréciable service de lui conserver sa foi, et il ajoute que cette limitation de la liberté d'association religieuse, légitime dans certains cas, ne peut résulter que d'un accord avec le Saint-Siège.

Le vœu est adopté sans modification.

5. — La liberté pour l'Eglise et les associations catholiques, et dans une mesure fixée d'accord avec le Saint-Siège, d'acquérir et de posséder. (Adopté.)

6. — Le remplacement du budget des cultes par une dotation fixe. (Adopté.)

La première Chambre n'ayant, pour le moment, aucun nouveau rapport à déposer, la parole est donnée à M. Richard de Boysson, ancien officier, ancien receveur des finances, pour la lecture de son rapport sur l'organisation militaire et des vœux correspondants adoptés par la deuxième Chambre.

Organisation de l'armée.

Chargé par la commission d'organisation de l'assemblée provinciale représentative du Quercy de faire, au nom de la deuxième Chambre le rapport relatif à l'organisation de l'armée, je vais résumer les travaux écrits qui m'ont été remis et les délibérations qui ont eu lieu dans la deuxième Chambre sur cette double matière.

Je ferai tout d'abord observer que nous n'avons pas la prétention de résoudre immédiatement les questions soulevées. Nous posons des principes, principes réalisables dans un délai plus ou moins long, mais bons à donner, dès aujourd'hui, comme objectif aux lois de l'avenir.

L'armée est, de tous les services publics, celui dont la désorganisation causerait le plus de maux à la France. Elle touche à toutes les familles ; elle intéresse toutes les branches de l'administration, toutes les sources de la fortune publique. Suivant qu'on établira son organisation sur des bases solides ou fragiles, elle sera pour le pays une sauvegarde sérieuse ou une cause fatale de ruine d'abord, et puis de décadence.

Tous les cahiers observent qu'il avait été jusqu'ici, dans les traditions de la France, de baser le recrutement de l'armée sur le service volontaire. On embrigadait tous ceux que leurs dispositions naturelles entraînaient vers les travaux et les périls de la guerre, en laissant hors des rangs ceux que leurs vocations poussaient vers le service du culte, vers les carrières libérales, vers l'enseignement ou les beaux-arts.

Les dernières lois votées par la Chambre des députés détruisent cette tradition et veulent imposer au pays, comme base nouvelle du recrutement, le service obligatoire pour tous.

Nos législateurs modernes n'ignorent pas, d'ailleurs, que, pour faire ainsi passer tous les Français dans les rangs de l'armée, il faut réduire le temps du service militaire à des proportions insuffisantes, mais ce n'est là pour eux qu'une considération bien secondaire.

Les principes de la Révolution veulent que les séminaristes fassent un stage dans les casernes.

L'égalitarisme révolutionnaire, plus puissant que l'amour de Dieu et que la gloire de la patrie, impose à tous les Français l'obligation de renoncer à leurs ambitions natives, à tous leurs instincts, pour aller pendant trois ans plier leurs aptitudes et leurs tendances sous un même niveau de fer. On dirait que ces lois sont préparées par des hommes qui, n'ayant jamais ressenti aucun enthousiasme, n'ont cherché dans ces lois militaires qu'à retenir à leur faible hauteur ceux qu'un génie naissant pourrait élever au-dessus d'eux.

Cependant, ils n'ont encore porté leurs efforts que sur l'un des deux éléments essentiels dont se compose l'armée, sur les hommes de troupe, réservant sans doute pour un avenir prochain les réformes qui doivent modifier le second élément et transformer au gré de la Révolution l'esprit encore plein d'un noble patriotisme du corps d'officiers.

L'organisation militaire comporte, en effet, deux parties distinctes. La loi sur l'état des officiers règle l'une d'elles; la loi du recrutement règle le second.

Il est resté dans nos traditions que l'officier appelé à consacrer sa vie tout entière à la défense de la patrie doit jouir de privilèges importants; il est aussi resté dans nos traditions que, pour donner aux officiers un prestige réel sur les hommes qu'ils doivent commander, il faut leur attribuer une origine différente de celle des hommes de troupe. Tel est le but de nos écoles militaires.

Toutefois, les hommes de troupe devant être encouragés dans leur légitime ambition, les rangs des officiers leur restent ouverts, et, dès qu'ils sont admis dans ces rangs, ils participent à tous les avantages qu'une origine différente donne toujours au commandement.

Supprimez cette origine, et le principe disparaît. C'est la pensée qu'exprimait Washington écrivant à son successeur, au moment où il créait l'armée du Nord : « Si vous voulez, disait-il, que l'armée soit bonne, ne prenez pour officiers que des gentlemen. »

Telle est encore l'armée française.

Par suite, les cahiers qui ont été remis n'ont eu que de rares doléances à formuler relativement à cette partie de notre organisation militaire qui concerne les officiers; nous avons, par conséquent, à nous occuper plus spécialement de la deuxième partie, qui concerne les hommes de troupe.

Nos cahiers rappellent que nos meilleures armées ont toujours été composées d'hommes appelés au service des armes par l'ardeur d'une vocation naturelle et aguerris par un apprentissage sérieux; mais il est incontestable qu'en l'état actuel de l'Europe, une armée exclusivement composée de volontaires né fournirait pas un contingent assez nombreux pour les besoins de la France. Il est indispensable de la compléter à l'aide de la conscription.

Telle était notre organisation militaire avant 1870.

Sans doute, elle ne nous a pas préservés des désastres de la guerre franco-allemande; et ces revers, au moment où ils ont éclaté sur nous, ont fait supposer à quelques bons esprits que le *service obligatoire*, en vigueur chez nos ennemis, était préférable à notre ancien système que justifiait, cependant, le caractère tout particulier du tempérament français.

L'expérience n'a pas tardé à convaincre la plupart des hommes impartiaux, mais elle n'a pas été suffisante à modifier les résolutions de ceux qui se laissent guider par l'égalitarisme révolutionnaire et par la haine de Dieu.

Il est néanmoins établi pour tous que le service obligatoire entraîne les plus choquantes inégalités.

L'ouvrier des villes est, en général, moins bien constitué que l'ouvrier des champs; aussi, l'agriculture voit tous les ans incorporer 80 ou 85 0/0 de son effectif dans les rangs de l'armée, tandis que l'industrie n'en perd que 35 0/0.

Les classes rurales fournissent une proportion très exagérée, et les conséquences en sont d'autant plus graves que les jeunes gens entraînés vers les villes par le service militaire y perdent souvent les goûts et les habitudes de leur famille; ils ne veulent pas retourner dans leurs foyers après avoir accompli leur temps de service, et la dépopulation des campagnes produit chaque année des effets de plus en plus funestes.

Nos cahiers font encore observer, à juste titre, qu'en imposant le service obligatoire à des jeunes gens appelés par leurs goûts naturels soit vers l'enseignement, soit vers les beaux-arts ou les carrières libérales, on les détourne de leurs études, on les arrête dans leur essor pour en faire de très défectueux soldats, au moment où l'enthousiasme de la jeunesse devait développer leurs facultés et les pousser peut-être jusqu'au génie.

Il est plus incontestable encore, qu'en obligeant les élèves des grands séminaires à suspendre leurs études ecclésiastiques pour les garder pendant trois ans dans des casernes, on va tarir à sa source le recrutement du clergé et préparer ainsi, pour un avenir prochain, la suppression du culte catholique en France.

En même temps s'éteindrait cette si salutaire influence que donnent au nom français, dans toutes les parties du monde, nos généreux missionnaires apostoliques.

Pour arriver à ces tristes résultats, pour encombrer l'armée de soldats défectueux, il faudra réduire le temps du service militaire, au point de rendre l'instruction impossible à nos soldats et leur discipline insuffisante; il faudra cependant surcharger le budget des dépenses, au point de le rendre très sensiblement supérieur au chiffre de nos recettes, et c'est ainsi qu'en baissant le niveau de l'enseignement public, en entravant le développement des beaux-arts, en supprimant le service du culte, nous nous précipitons tout à la fois vers une banqueroute inévitable et vers la plus honteuse décadence.

Enfin, tous nos cahiers se plaignent de ce que les lois nouvelles violent une tradition universellement observée en supprimant l'aumônerie militaire.

Tandis que, dans tous les pays du monde, le culte religieux est tenu en grand honneur par les chefs de l'État, nos législateurs s'efforcent de détruire cet esprit chrétien, si précieux au jour du combat, comme ils s'efforcent, depuis qu'ils sont au pouvoir, de l'arracher du cœur de nos soldats.

Tous nos cahiers présentent cette même doléance en termes énergiques ; nous la reproduisons avec une conviction d'autant plus ardente que votre deuxième Chambre a déclaré qu'il n'était de salut possible pour notre malheureuse patrie que dans le retour de la France vers l'ordre social chrétien.

En nous résumant, nous vous proposons, au nom de la deuxième Chambre, de ratifier les vœux suivants :

Comme il est impossible, dans l'état actuel de l'Europe, de changer l'organisation actuelle du recrutement pour le présent,

1. — Il convient de ramener l'esprit religieux dans l'armée, comme dans les autres pays, par le rétablissement de l'aumônerie en temps de paix et par une plus grande liberté donnée à la pratique religieuse.

2. — Il faut revenir au principe des dispenses écrites dans les lois précédentes et étudier un mode de remplacement militaire qui respecte la dignité humaine et sauvegarde les intérêts de l'avenir et des carrières.

3. — Il serait utile de créer une armée coloniale spécialement destinée au service de nos colonies, recrutée autant que possible par le volontariat. (Applaudissements.)

Après la lecture de ce rapport, écouté avec le plus vif intérêt, M. le Président met aux voix successivement les trois vœux ci-dessus.

Le premier vœu est adopté sans discussion, ainsi que le préambule qui le précède.

Sur le deuxième vœu, M. de VALON demande que le principe des dispenses et du remplacement, consacré par ce vœu, ne soit appliqué qu'en temps de paix. Il ne saurait entrer dans l'esprit de personne, dit-il, que les dispenses et le remplacement puissent conserver leur effet lorsque le salut du pays exige la présence sous les drapeaux de tous les Français en état de porter les armes, ou de concourir, de quelque manière que ce soit, à la défense du pays.

Faisant droit à ces observations, l'assemblée renvoie le vœu à la deuxième Chambre pour préparer une nouvelle rédaction qui donne satisfaction à la pensée de M. de VALON.

Sur le troisième vœu, M. de RIVOYRE, qui en est l'auteur, fait ressortir les mauvaises conditions dans lesquelles notre armée coloniale est actuellement recrutée, et les funestes résultats de cette organisation défectueuse dont ses nombreux voyages lui ont permis de constater l'infériorité vis-à-vis des armées coloniales étrangères.

Le vœu est adopté.

La séance est levée à dix heures et demie.

TROISIÈME RÉUNION PLÉNIÈRE

La séance est ouverte à huit heures du soir, sous la présidence de M. le vicomte d'Armagnac, assisté de MM. de Pascal et Delbreil, vice-présidents.

Sur l'invitation de MM. le Président, M. d'Welles donne lecture à l'assemblée de la dépêche suivante de M. de Gontaut-Biron, ancien ambassadeur de France, nommé la veille président d'honneur. En voici le texte :

« Profondément touché et très fier de l'honneur que me fait l'assemblée provinciale du Quercy, j'accepte avec reconnaissance la présidence d'honneur et je suis entièrement uni à elle.

« Vicomte DE Gontaut-Biron. »

Cette dépêche est saluée par des applaudissements unanimes.

M. le Président donne alors la parole au R. P. de Pascal, pour la lecture du rapport de la première Chambre sur l'enseignement public.

Le Secrétaire-Rapporteur, avant de lire son rapport, demande la permission de soumettre deux vœux à l'assemblée au nom de la première Chambre.

Le premier, dont l'importance n'échappera à personne, se passe de tout commentaire. Il est relatif à l'arbitrage du pape. Il se réserve d'ailleurs, pour lui donner plus de solennité, de le présenter de nouveau aux suffrages de l'assemblée à la séance de clôture.

Arbitrage du pape.

En présence de l'état de paix armée qui pèse si lourdement sur l'Europe et des menaces de conflits internationaux qui peuvent déchaîner sur les peuples des maux incalculables, l'assemblée exprime le vœu ardent que le souverain Pontife, père commun de la chrétienté, soit pris par les nations comme médiateur et arbitre suprême. (Adopté par acclamations.)

Le second vœu, relatif aux dispenses ecclésiastiques, a été inspiré à la première Chambre par la décision prise hier soir par l'Assemblée à la suite des paroles prononcées par l'honorable M. de VALON ; il est ainsi conçu :

Dispenses ecclésiastiques.

Considérant que le ministère du prêtre est aussi indispensable en temps de guerre qu'en temps de paix ; considérant que le clergé ne le cède en patriotisme à aucune autre classe de la société et que, le cas échéant, il saura le manifester comme il l'a déjà fait, suivant un mode conforme à son caractère et à sa vocation sacrée, l'assemblée demande que le principe des dispenses militaires, en ce qui touche le clergé, soit consacré et appliqué comme il l'était par les lois qui ont régi la matière jusqu'à cette heure (Adopté sans observations).

Le R. P. de PASCAL donne lecture de son rapport sur les intérêts pédagogiques.

Intérêts pédagogiques.

Est *éducateur* qui est *auteur*, l'éducation n'étant qu'un prolongement de l'acte générateur. Ce que nous apportons en naissant, l'éducation le développe et le conduit à plein épanouissement. Voilà le principe simple et fécond, à la lumière duquel s'évanouissent tous les sophismes. Or, dans l'ordre naturel, l'*auteur*, c'est la famille ; dans l'ordre chrétien et surnaturel, c'est l'Église. A la famille donc et à l'Église ou à leurs délégués et à leurs représentants, revient la charge de l'éducation; l'État, le pouvoir public, ne peut intervenir qu'à titre d'auxiliaire, d'aide, de complément. Il ne lui est jamais permis de s'attribuer comme lui appartenant en propre et surtout exclusivement, les fonctions d'éducateur. Encore moins lui est-il licite d'aller à l'encontre des droits les plus certains de la conscience, de la famille et de l'Église. La conception de l'État enseignant et uniquement enseignant est une conception contre nature; il y a là l'application la plus monstrueuse du *socialisme d'État*. Nous subissons comme une nécessité des temps la conscription des corps; nous n'admettrons jamais la *conscription des âmes*.

Le monopole avoué ou le monopole déguisé est une des pires formes, sinon la pire forme de la tyrannie, surtout de la part d'un État qui, comme Pilate, dit : *Quid est veritas ?* qu'est-ce que la vérité? Nous ne dénions pas à l'État un certain droit de contrôle, de police et de surveillance extérieure. Nous lui accordons volontiers la faculté de poser certaines conditions pour l'admissibilité à certaines fonctions, et d'avoir des écoles techniques pour certaines branches particulières des services publics ; mais nous lui refusons absolument le droit de marquer l'esprit et l'âme de l'enfant à son cachet, de nous imposer ses écoles, ses méthodes d'enseignement. Nous regardons comme une atteinte à la liberté des pères de famille, une loi qui, par un système de contrainte ouverte ou dissimulée, force les citoyens à envoyer leurs enfants dans des écoles où ils recevront un enseignement contraire à leur foi et à leurs traditions, système d'autant plus odieux, qu'il fait peser sur les parents des charges budgétaires très lourdes, et qu'il fait la guerre à la conscience des catholiques avec l'aide de leurs propres deniers.

Nous protestons de toutes nos forces contre l'école laïque et *soi-disant* neutre. Cette neutralité est une impossibilité et une impiété. Une impiété, car Dieu, qui est le principe et la fin, qui est mêlé à toute la vie de l'homme, ne saurait être passé sous silence, et il est impossible de laisser dans l'oubli la Religion, l'Evangile, l'Eglise, qui sont comme l'atmosphère intellectuelle et sociale dans laquelle l'homme est plongé, et qui sont pour lui les interprètes authentiques de la volonté de Dieu. Une impossibilité, car de deux choses l'une : ou l'éducateur a une conviction ou il n'en a pas. S'il n'en a pas, il n'est qu'un être *diminué*, sans autorité, et s'il en a une, vivante et ardente, comment ne rayonnerait-elle pas au dehors? En outre, est-il possible de garder une sorte d'impassibilité superbe en face de questions qui viennent presque à chaque instant se poser devant l'esprit de l'homme, et qui hantent, pour ainsi dire, toutes les avenues de son esprit? Aussi nous réclamons hautement l'école *confessionnelle*.

Nous ne le cédons à personne quand il s'agit d'élever l'esprit et le cœur de l'enfance et de la jeunesse. La lumière est faite sur les prétendus temps d'ignorance.

Les plumes les moins suspectes ont montré l'état florissant de l'instruction, à tous les degrés, avant 1789. Nos pères, dans leurs *cahiers*, réclamaient le rétablissement de l'*Université de Cahors*, et l'on me permettra de signaler, en terminant, un travail fort remarquable de M. l'abbé Viguié, vicaire à Saint-Céré, duquel il ressort qu'en 1789, dans cette petite ville, il y avait, outre une école de théologie, une école de latin, deux écoles de filles et une école de garçons, qui comprenaient en tout cinq cents élèves. Le pauvre n'était pas condamné à payer l'instruction du riche. La gratuité était largement assurée ; les finances de la commune n'étaient point grevées de dettes contractées pour bâtir des palais à des maîtres grassement rétribués. L'étiquette était moins pompeuse, et je me permettrai de dire, sans craindre un démenti, que la liqueur contenue dans le vase avait plus de force et de saveur.

En conséquence, nous demandons :

1° L'abrogation des lois scolaires, qui portent atteinte à la liberté des pères de famille, à la liberté de l'Eglise et à la conscience chrétienne.

2° Une juste liberté d'enseignement. En conséquence, que le rôle de l'Etat soit ramené à ses vraies limites de surveillance et de protection ; que l'on reconnaisse le droit des parents de choisir pour leurs enfants l'école et le genre d'enseignement qui leur conviennent; que l'on puisse établir des universités autonomes, régionales, indépendantes de l'Etat pour leur administration, leurs programmes, leur recrutement.

3° Que les bourses, subventions, secours de diverses natures accordés par l'Etat, les départements et les communes, soient donnés aux familles avec la faculté de faire élever leurs enfants dans les écoles qu'ils choisissent.

4° Que les tribunaux scolaires offrent des garanties sérieuses d'indépendance, de capacité et d'impartialité par le choix et la qualité des membres qui les composent.

Les trois premiers vœux sont adoptés sans observation.

Sur le quatrième, M. Vigouroux, avocat à Sérignac, voudrait que le droit d'enseigner ne fût retiré que par un jugement des tribunaux civils, parce que le droit d'enseigner est un droit civil.

M. Chantelouve, négociant à Souillac, soutient au contraire la légitimité de la juridiction spéciale. Il peut y avoir, dit-il, des cas d'indignité, d'incapacité qui ne tombent pas sous l'application des lois correctionnelles et qui cependant doivent entraîner le retrait du droit d'enseigner. Des tribunaux professionnels seuls peuvent prononcer cette déchéance.

Le Rapporteur s'associe à ces dernières considérations et demande à l'assemblée de conserver au vœu sa rédaction première.

Le quatrième vœu, présenté par la première Chambre, est adopté.

Le R. P. de Pascal donne ensuite lecture de son rapport sur la famille et les mœurs.

Famille et Mœurs.

La famille est la première unité sociale; elle est le granit sur lequel doit reposer l'édifice de la société; l'esprit révolutionnaire dissout ce granit et en fait un sable mobile et inconsistant.

La famille française, aux divers degrés de la hiérarchie sociale et sous l'action de diverses causes que je vais signaler, est en train de se désorganiser; il y va cependant des destinées de la patrie, et tous ceux qui ont gardé quelque souci de l'avenir du pays doivent, sans distinction de parti, unir leurs efforts pour conjurer le péril.

La famille se forme par le mariage, selon la coutume universelle du genre humain, c'est à la religion qu'il appartient de consacrer cet acte solennel entre tous.

En France, au contraire, depuis la Révolution, l'Etat n'a nulle part mieux affirmé son indifférence religieuse que dans la célébration du mariage. Il déclare les époux mariés au nom de la loi, usurpant là un rôle qui ne lui appartient pas. Non content de régler les effets civils du mariage, ce qui est son droit, il prétend *faire* le mariage lui-même. Le prêtre vient modestement après l'officier de l'état civil, et il est même passible d'une peine s'il bénit une union qui n'aurait pas été consacrée par celui-ci, c'est-à-dire s'il remplit son devoir. La loi ne supporte pas que les mariés passent à l'église avant de se rendre à la mairie, tant elle a tenu à affirmer la prépondérance de l'État.

On ne fait pas reculer la logique : la sécularisation du mariage a porté ses fruits, la loi du divorce en est une conséquence naturelle.

En effet, si l'État a le droit de faire le mariage, pourquoi n'aurait-il pas le droit de le défaire? Est-il besoin de le dire : la loi du divorce est un nouveau et terrible coup porté à la famille. Le divorce affaiblit le caractère auguste que doit revêtir le lien conjugal, en le transformant en une liaison provisoire; il rend plus faciles des engagements qui, n'étant plus perpétuels, effrayent moins les esprits légers. Il donne aux époux, peu aptes à se plier aux exigences du mariage, le moyen de contracter de nouvelles unions, et il ouvre ainsi la voie aux plus tristes désordres ; enfin, il place les enfants dans une situation douloureuse et équivoque.

Autre cause de la désorganisation de la famille : l'amoindrissement de l'autorité paternelle, l'esprit révolutionnaire tendant à faire du père seulement l'égal des enfants. La loi, dans sa soif d'une fausse égalité, retire au père le gouvernement des intérêts domestiques; elle considère chaque enfant comme une unité matérielle qui sera traitée d'une manière uniforme, sans aucun souci de la stabilité du foyer et de la conservation de la famille. Je ne m'appesantirai pas sur les inconvénients multiples du partage égal et forcé. L'égalité est exigée non seulement en valeur, mais encore en nature; tout est dépécé, et des mesures ingénieuses sont accumulées, afin que nul ne puisse échapper à ces règles destructives. Ce sont des formalités multiples qui entraînent des frais considérables, c'est une licitation ruineuse en cas d'existence d'héritiers mineurs. Des atômes humains, tous placés dans des conditions identiques, sans traditions à recevoir ou à transmettre, apparaissant un jour pour disparaître le lendemain sans laisser aucune trace de leur rapide passage sur la terre : tels sont les êtres que la législation a en vue.

La famille devrait être un arbre puissant dont les racines plongent dans le sol, tandis que la cime monte vers le ciel et que les branches protectrices couvrent un large espace. Or elle est réduite à l'état de chétif arbuste, sans racines, dont le maigre feuillage est impuissant à donner un abri.

Je serais infini si je voulais signaler toutes les conséquences d'un pareil régime.

Indiquons sobrement, d'un mot, la diminution de la population : « Ne pouvant faire un aîné, a dit énergiquement M. Paul Leroy-« Beaulieu, ils suppriment le cadet. »

Ne serait-ce pas aussi à ce système qu'est dû ce qu'on appelle à tort l'incapacité de la France à coloniser? Aux vieux temps, la France savait coloniser, témoins les Antilles, la Louisiane, le Canada. Il faut donc, sous peine de voir périr avec les foyers stables et les familles attachées au sol ou à l'atelier, avec les races nombreuses qui jettent autour d'elles des essaims actifs, la grandeur même de notre pays, réagir vigoureusement contre le système successoral qui nous a été imposé par la Révolution.

Parmi les autres ferments de dissolution de la famille, je me contenterai de citer rapidement :

Le laisser-passer donné aux productions immorales, obscènes ou attentatoires à la religion ;

L'absence de toute répression sérieuse de la séduction ;

La liberté quasi-illimitée des débits de boissons et autres lieux de plaisirs, etc., etc.

Messieurs, il est plus que temps d'aviser.

L'histoire, cette expérience des nations, nous apporte des enseignements décisifs.

La Révolution a eu dans ses mains les fortes et solides familles de la vieille France, elle a vaincu l'Europe ; la France moderne ne dispose plus que de familles désorganisées sous l'action des principes nouveaux. Qui oserait dire que sa puissance est accrue ?

Nous demandons donc en conséquence :

1° La révision dans un sens conforme aux droits de la conscience et à la loi chrétienne de la législation sur le mariage ;

2° L'abrogation de la loi du divorce ;

3° La répression énergique des productions immorales, obscènes ou attentatoires à la religion ;

4° La répression légale de la séduction ;

5° Que la liberté des débits de boissons soient sagement restreinte et que le nombre en soit prudemment proportionné à l'importance des localités ;

6° Que l'on réforme les lois qui régissent les successions, notamment les art. 826, 832 et 1079 du Code civil, afin de conserver et de perpétuer les foyers, surtout les foyers ruraux et les domaines agricoles et d'éviter les licitations et autres procédures coûteuses qui n'aboutissent qu'à faire passer aux mains du fisc et des gens d'affaires la fortune nationale.

Les cinq premiers vœux sont adoptés sans observation.

Sur le sixième, M. Et. Depeyre demande que le vœu relatif à la réforme successorale ne s'applique qu'aux héritages de minime importance.

Le Rapporteur répond que la première Chambre a eu des vues plus larges ; en effet, les grands propriétaires, les commerçants, les industriels tiennent aussi légitimement à perpétuer dans leur intégrité les domaines ou établissements qu'ils ont créés ou qu'ils ont reçus de leur père. L'amendement de M. Depeyre, mis aux voix, n'est pas accepté.

La Chambre adopte le sixième vœu.

Le R. P. de Pascal donne lecture de son dernier rapport sur l'assistance publique.

Assistance publique.

Deux mots suffiront pour l'assistance publique. Dans une société bien organisée, l'homme doit pouvoir vivre régulièrement de son travail ; lorsque les forces viennent à le trahir ou lorsque le malheur fond sur sa tête, il doit pouvoir trouver autour de lui des institutions qui le soutiennent et qui lui assurent ce pain quotidien que tout être humain a le droit de manger.

Dans un pays profondément imprégné de christianisme comme l'était la vieille France, le problème de l'assistance des pauvres n'est pas un problème. Il se résout, en effet, naturellement, par un ensemble d'institutions : églises, communautés religieuses, confréries, corporations, associations de diverses sortes, dotées chacune de biens qui forment le patrimoine des pauvres.

La Révolution a voulu mieux faire que le passé ; elle a détruit l'œuvre des siècles, elle a dépossédé le clergé de biens qui, depuis quatorze siècles, étaient en majorité consacrés au soulagement de toutes les infortunes. Elle a confisqué le patrimoine que les corporations, les confréries, les associations, les fondations pieuses avaient accumulé pendant une longue suite de siècles en vue de l'assistance mutuelle et de l'assistance publique.

On évaluait les biens du clergé à deux milliards et les biens des corporations représentaient certainement une large moitié de cette somme.

A la tribune de la Constituante, l'évêque de Nîmes s'écriait : « Nos sacrifices offerts à la nation seront pour nous la plus grande des jouissances. Attendez tout de nos privations personnelles, mais n'espérez rien du patrimoine des pauvres et de celui des autels. Non, jamais, nous ne donnerons notre consentement à une usurpation de cette nature. » On passa outre et le peuple fut volé.

L'Etat prit bien, il est vrai, à sa charge, le soin public des pauvres. Comment s'est-il acquitté de cette tâche depuis un siècle? C'est ce que je n'ai pas à rechercher ici ; il suffira de dire que, ce siècle écoulé, on en est encore à se demander ce qu'on fera pour organiser l'assistance publique. Un ministre crée un conseil supérieur de l'assistance publique pour l'étudier et avoue dans la séance d'ouverture que tout est encore à faire. Rien n'a donc encore été fait.

Nous croyons apporter un remède immédiat à cette situation par les vœux suivants :

1° Considérant que le devoir d'assistance de la société à l'égard de ses membres malheureux ne saurait être plus efficacement rempli que par la charité chrétienne ; que l'Etat, le département, la commune réduisent progressivement au minimum leur intervention dans l'Assistance publique en encourageant la charité et les institutions créées par elle, notamment en rendant la liberté avec la personnalité civile et le droit d'acquérir aux établissements et associations charitables ayant pour but l'assistance matérielle et morale des individus et des familles ;

2° Que, dans le système pénitentiaire, on fasse une large place à l'influence de la religion, si propre à relever les malheureux détenus.

Ces deux vœux sont adoptés.

Le rapport de la première Chambre étant terminé, le rapporteur reprend sa place au Bureau, au milieu des applaudissements de tous.

M. le Président donne la parole à M. de Boysson pour la lecture de son rapport sur les Finances au nom de la deuxième Chambre.

Finances.

En résumant les doléances portées dans les nombreux cahiers qui nous ont été remis, nous avons été frappés par la singulière concordance existant entre les plaintes formulées aujourd'hui et celles que présentaient nos pères dans les cahiers de 1789.

Là s'arrête la similitude, car nous ne pouvons nous empêcher de comparer le langage des derniers ministres de la Monarchie avec celui que tiennent les ministres d'aujourd'hui.

Dès l'année 1787, M. de Calonne, ministre impopulaire, faisait avec une sincérité remarquable la critique de l'administration financière à la fin du siècle dernier, et il montrait dans toute sa vérité la déplorable situation de notre budget. Après en avoir fait le tableau peu rassurant, il disait :

« Quels sont les moyens d'y porter remède? Toujours emprunter serait aggraver le mal, précipiter la ruine; imposer plus serait accabler le peuple que le Roi veut soulager; économiser, il le faut : Sa Majesté le veut, elle le fait, elle le fera plus encore.

« Que reste-t-il pour suppléer à tout ce qui nous manque? Il reste les abus; oui, messieurs, c'est dans les abus même que se trouve le fonds de richesses que l'État a le droit de réclamer et qui doivent servir à rétablir l'ordre. »

Un si noble langage donnait au peuple qui rédigeait ses respectueuses doléances le droit d'espérer qu'elles seraient écoutées; elles ont été étouffées dans les plus épouvantables convulsions révolutionnaires qu'une nation ait jamais subies.

Que disent aujourd'hui ceux qui nous gouvernent?

Nous avons entendu, le 23 mai dernier, le ministre des finances dire avec une étrange hardiesse que « la législature actuelle a réalisé de sérieuses économies et a fidèlement rempli le mandat que les électeurs lui ont confié ». Il n'a pas craint d'ajouter que « la fortune de la France et sa prospérité s'accroissent de jour en jour ».

Ces mensonges audacieux, loin de nous décourager, doivent, au contraire, nous exciter à multiplier nos doléances et à montrer, par notre union parfaite, par notre attitude énergique, que nous voulons être entendus, que nous voulons être écoutés, que nos vœux doivent être exaucés. Instruits par les leçons de l'histoire, nous donnerons à chacun la confiance qu'il méritera, nous compterons avant tout sur la

Providence et sur nous seuls pour obtenir, dans un délai prochain, tout ce qu'exigent le salut, l'honneur et la prospérité de la France.

' Tel est le but de ces doléances que nous allons résumer en continuant à les comparer avec celles du siècle dernier.

Les cahiers de 1789 font observer tout d'abord, avec une mélancolique naïveté, que « depuis 1689, année par année, les impôts ont doublé ». Hélas! moins heureux que ne l'étaient nos pères, nous n'aurons pas la satisfaction de pouvoir dire à notre tour : « Depuis 1789, année par année, les impôts ont doublé ». Ils atteignaient 500 millions en 1790; quarante ans plus tard, en 1830, ils avaient déjà doublé. Ils ont doublé une deuxième fois dans une nouvelle période de quarante ans, et les deux milliards de 1870 s'élèveront, en 1889, à trois milliards et demi. Nous pouvons, par conséquent, insérer à notre tour dans nos doléances : « Depuis 1789, année par année, nos impôts sont devenus sept fois plus lourds qu'ils ne l'étaient sous l'ancienne monarchie. »

Nos pères demandaient, dans leurs Cahiers, que « les Etats-Généraux pussent exercer sur les recettes et les dépenses un contrôle effectif ».

Nos Cahiers font justement observer que si le bon ordre existe aujourd'hui dans les écritures de tous les comptables, si un centime de recette ou de dépense ne peut échapper sur les livres des Trésoreries, il n'en est pas de même dans les sphères supérieures, où s'élaborent la fixation et la répartition des crédits.

L'établissement des budgets n'obéit pas à des règles fixes; il subit les nécessités d'un équilibre fictif du budget ordinaire, au moyen de l'élasticité fâcheuse du budget extraordinaire, grossi par des dépenses ne lui appartenant pas; et l'existence de diverses caisses spéciales, caisse des écoles, caisse des chemins de fer, caisse des chemins vicinaux, met une entrave de plus au contrôle sérieux des finances publiques. De telle sorte que les membres les plus compétents de la Chambre des députés se déclarent incapables de se reconnaître dans ce dédale de chiffres volontairement compliqué.

Ceux qui ont essayé de déterminer le montant exact des engagements du Trésor diffèrent tous de sommes plus ou moins fortes. Dans la commission du budget, fort homogène d'ailleurs sous le rapport politique, ceux dont les déterminations se rapprochent le plus, diffèrent encore de 700 millions environ sur le chiffre de la dette publique, que les uns évaluent à 31 milliards 805 millions et d'autres à 32 milliards 534 millions.

Les Cahiers de 1789 demandent encore que, sous aucun prétexte, les fixations budgétaires ne puissent être dépassées; leur attention avait été appelée sur ce grief, comme sur la plupart des autres, par le rapport de M. de Calonne, qui signalait des déficits annuels variant, de l'année 1776 à 1786, entre 37 et 80 millions.

Aujourd'hui, nos ministres, moins sincères, contestent l'étendue de nos déficits annuels, qui atteignent cependant presque tous les ans le chiffre de 500 à 550 millions: en 1890, le déficit atteindra 600 millions.

En 1789, nos pères se plaignaient de ce que la répartition des impôts n'était pas faite par les délégués des contribuables; nous nous plaignons nous-mêmes de ce que les plus imposés sont exclus du travail des répartiteurs.

Ils se plaignaient encore, et toujours à juste titre, de l'inégale répartition des taxes, et ils avaient, pour justifier cette doléance, un document officiel établissant que la moyenne de l'impôt payé dans les généralités les plus favorisées, celle de Bretagne et celle d'Auch, était de 12 à 13 francs par tête, tandis que la plus imposée après Paris, celle de Lyon, payait 30 francs, soit un peu plus du double.

Aujourd'hui, divers documents officiels rappelés dans un de nos cahiers, développés dans un remarquable travail de M. de PRADELLE, établissent que telle commune du département de l'Aude paie 1 fr. 15 par 100 francs de revenu foncier, tandis que telle commune de la Gironde paie 70 francs pour 100 francs.

Nous ferions ressortir des différences bien plus étonnantes encore si, au lieu de comparer les revenus fonciers entre eux, nous voulions comparer les revenus fonciers avec les revenus mobiliers.

Tel propriétaire ayant 5,000 francs de revenu foncier paie environ 2,000 francs d'impôts, tandis que le capitaliste dont la fortune est en rentes sur l'État ne paie rien. Il y a sur ce point des inégalités, des privilèges bien plus révoltants que ceux dont se plaignaient nos pères; et nos Cahiers peuvent, bien plus justement que ceux de 1789, réclamer « l'égalité de tous les Français devant l'impôt ».

Le privilège dont jouissent les rentiers ne réussit pas, cependant, à les satisfaire, car nous croyons avoir reconnu la plainte de plusieurs d'entre eux dans une doléance bien justifiée, relative à l'accroissement continu de la dette flottante.

Un économiste très libéral a écrit : « La dette flottante est une véritable lettre de change; aussi, y a-t-il un grand danger à en élever démesurément le montant; nous l'avons bien vu en 1848 ». Or, la dette flottante était de 950 millions et elle dépasse aujourd'hui 4 milliards 600 millions.

Que deviendrait le crédit public si cette lettre de change était tout à coup présentée aux trésoriers généraux ? Que deviendraient les livrets de la Caisse d'épargne si les déposants venaient tous ensemble réclamer leurs dépôts ?

Et cela se produira au début de la première guerre, au début de la première crise politique, inévitable dans un délai très prochain.

Enfin, les électeurs de 1789 demandaient que le livre de la dette publique fût définitivement fermé aux emprunts et s'ouvrît tous les ans à un amortissement sérieux. Nous avons, à cet égard, de bien plus justes sujets de nous plaindre que ne l'avaient nos pères.

Depuis quelques années, le ministère des finances a pris la dangereuse habitude de contracter des emprunts dissimulés, destinés à combler les déficits annuels qui se produisent non seulement dans le budget de l'État, mais encore dans les budgets communaux.

La commission du budget, ne pouvant créer des impôts nouveaux pour subvenir à tous les frais de l'instruction primaire, a cru pouvoir mettre la majeure partie de ces frais à la charge des communes.

Il est malheureusement arrivé que les communes n'ont pas pu payer toutes les sommes mises ainsi à leur charge pour les constructions scolaires et pour les autres dépenses obligatoires du logement, du chauffage, de l'éclairage ; il en est résulté un déficit annuel qui va toujours grossissant et qui atteindra vraisemblablement 20 millions en 1890. Il dépassait 12 millions en 1886.

Avec ces emprunts dissimulés, la dette publique, dont le montant était en 1789 de.................................. 2,556,000,000
s'élève aujourd'hui : pour l'État à.............. 32,500,000,000
pour les communes......................... 3,000,000,000
pour les départements...................... 600,000,000
représentant un total environ de.............. 36,000,000,000

Trente-six milliards !

Et cependant nos Cahiers, moins audacieux que ceux de 1789, n'osent pas demander la suppression des emprunts : ils se bornent à souhaiter qu'ils soient toujours consacrés à des dépenses d'utilité générale et à des travaux productifs.

Telles sont nos doléances en 1889. Un siècle s'est écoulé depuis que les mêmes plaintes ont été formulées par nos pères. Nous n'avons donc rien gagné à ces révolutions successives dans lesquelles notre malheureuse France a été ensanglantée, ruinée, mutilée.

Mais nous pouvons certainement dire avec plus de raison que le ministre de Louis XVI : « Que nous reste-t-il pour relever nos ruines, pour éviter une banqueroute déshonorante? Il nous reste les abus. » Et, considérées à ce point de vue, les ressources de la France sont aujourd'hui plus abondantes qu'elles ne l'avaient jamais été. (Salve d'applaudissements.)

Nous vous proposons, en conséquence, les vœux suivants :

1° Qu'il soit dressé un état exact de la situation financière, comprenant notamment le montant des dettes et des engagements de toute nature contractés par l'État ;

2° Qu'il ne soit plus fait d'emprunts, si ce n'est pour des motifs bien justifiés ; que la dette flottante soit renfermée dans de justes limites et que l'amortissement ait une place définitive dans le budget ;

3° Que des économies soient réalisées par la réduction du nombre des fonctionnaires, par la révision des lois qui ont imposé à l'État, aux départements et aux communes les dépenses qu'il n'était pas nécessaire de leur faire supporter ;

4° Que la loi rétablisse la garantie de l'adjonction des plus imposés aux Conseils municipaux pour le vote des centimes extraordinaires et des emprunts ;

5° Que les disponibilités résultant de la réduction des dépenses servent à des dégrèvements ;

6° Qu'il soit étudié dans le plus bref délai possible un mode d'impôt frappant tous les bénéfices professionnels, et les valeurs mobilières, soit dans leurs revenus, soit dans leur transmission. Ce nouvel impôt sera destiné à dégrever sensiblement les valeurs immobilières;

7° Une réclamation formelle sera portée devant les pouvoirs publics tendant à ce que l'impôt foncier de tous les Français soit, dans le plus bref délai possible, tarifé d'après un taux uniforme.

Les cinq premiers vœux sont adoptés sans discussion.

Au sixième, M. Jean de Boysson demande qu'on ajoute après les mots « *valeurs mobilières* » la mention « *y compris les rentes sur l'Etat* », afin qu'il n'y ait pas d'équivoque.

M. le chanoine Maury, vicaire-général, combat la proposition. Il dit que, d'après les hommes compétents, l'Etat, en faisant payer un impôt à son créancier, le rentier, manquerait à ses engagements, et que la mesure proposée équivaudrait à une banqueroute partielle.

M. Jean de Boysson compare les charges énormes que supporte la fortune immobilière aux charges minimes des valeurs mobilières en général et à l'immunité absolue de la rente française en particulier. Il constate que ce privilège profite surtout aux banquiers juifs cosmopolites (applaudissements), qui touchent de gros revenus et ne paient rien, tandis que le propriétaire et l'agriculteur français sont frappés de lourds et ruineux impôts. Qu'on ne dise pas que la mesure proposée est injuste ! Car ce n'est pas en modifiant sa dette par diminution du capital, mais en prenant l'impôt qui lui est dû, que l'Etat pourra rétablir la justice et l'égalité devant l'impôt entre les rentiers et les propriétaires fonciers. Les rentiers sont des privilégiés. Qu'ils se rappellent ce que firent en 1789 les privilégiés de la noblesse et du clergé. Qu'ils se montrent comme eux désintéressés, patriotes, et offrent de bon gré de contribuer à l'impôt s'ils ne veulent pas qu'on les y force ! (Applaudissements.)

M. Maury n'est pas convaincu par l'argumentation de M. de Boysson. L'Etat a pris un engagement ; peut-il se dégager par sa seule volonté ?

M. J. de Boysson répond que la situation n'est plus aujourd'hui ce qu'elle était en 1701. Alors la fortune mobilière était presque nulle en face de la fortune immobilière. Si le législateur d'alors avait pu prévoir ce qui est arrivé, il aurait pris les mesures proposées. En admettant même, d'ailleurs, que l'Etat ait pris un engagement, ne peut-il faire comme pour la conversion : mettre en demeure le capitaliste de payer l'impôt ou de recevoir le remboursement au pair ?

Le R. P. de Pascal appuie les affirmations de M. de Boysson. Il trouve monstrueuse l'inégalité actuelle entre le propriétaire et le rentier qui tous deux, profitant également de la protection de l'Etat, doivent contribuer également aux charges publiques.

L'amendement de M. de BOYSSON, mis aux voix, est adopté à la presque unanimité, et l'article 6 devient :

6° Qu'il soit étudié, dans le plus bref délai possible, un mode d'impôt frappant tous les bénéfices professionnels et les valeurs mobilières, y compris les rentes sur l'Etat, soit dans leurs revenus, soit dans leur transmission. Ce nouvel impôt sera destiné à dégrever sensiblement les valeurs immobilières.

L'article 7 des vœux, ayant pour but de généraliser une réclamation déposée par M. de PRADELLE, relativement à la péréquation de l'impôt dans le Lot et le Tarn-et-Garonne et accompagnée d'un remarquable travail à l'appui, est adopté. (Voir annexe C.)

M. le Président donne la parole à M. André de CHÊNEMOIREAU, ancien magistrat, pour lire son rapport sur la magistrature :

Intérêts judiciaires.

MESSIEURS,

J'ai à vous entretenir, au nom de la deuxième Chambre, de l'organisation judiciaire. Cette matière, quelle qu'en soit la gravité, n'exigera sans doute pas de votre part un examen très prolongé. C'est que, sauf peut-être en ce qui concerne le mode d'élection de la magistrature, nous n'aurons à discuter ici aucune idée véritablement fondamentale. Quelques réformes partielles, la restriction, au profit des tribunaux de droit commun, des attributions des juridictions exceptionnelles, des plaintes sur la manière dont nos lois actuelles sont appliquées, mais plaintes auxquelles il pourra le plus souvent être fait droit, sans que les principes mêmes qui servent de base à ces lois soient mis en jeu, tel sera, en termes généraux, l'objet des vœux soumis à votre adhésion.

La première, et je puis ajouter la plus grave des questions qui se sont présentées à l'examen de la deuxième Chambre, se rapporte au mode d'élection de la magistrature. Les projets de vœux adoptés en cette matière sont ainsi conçus :

Art. 1. — Qu'il soit institué un corps judiciaire offrant de sérieuses garanties de savoir et d'indépendance, par des modifications dans le recrutement et dans l'avancement des magistrats, notamment par l'obligation, pour le pouvoir central, de choisir les magistrats assis sur une liste dressée par la Cour du ressort.

Art. 2. — Que l'inamovibilité soit accordée aux juges de paix.

Messieurs, en me chargeant de transmettre ces projets à l'Assemblée plénière, je ne crois pas m'être enlevé le droit de vous présenter quelques observations qui tendraient, je l'avoue, à en modifier les termes.

Qu'il soit désirable de posséder un corps judiciaire réunissant toutes les qualités que l'on vient d'énumérer, capacité, impartialité, indépendance, c'est ce dont vous ne pouvez pas manquer de tomber d'accord. Qu'il y ait plus ou moins à dire sur la manière dont le personnel a été recruté depuis quelques années, c'est ce que je me garderai de contester. Mais que le remède à un pareil mal soit dans une modification des règles du recrutement et de l'avancement des magistrats, c'est peut-être ce que vous n'admettrez pas sans réserves.

Actuellement, Messieurs, c'est, comme vous le savez, le gouvernement qui nomme aux fonctions judiciaires. Les postulants doivent satisfaire à certaines conditions d'âge, de diplômes et de stage, faisant présumer qu'ils auront les connaissances et la maturité d'esprit nécessaires pour remplir convenablement leurs fonctions. Ce système est-il bon? On est autorisé à le croire tel, lorsque l'on réfléchit que, sous son empire, le recrutement de la magistrature s'est, pendant de longues années, opéré d'une manière satisfaisante.

Sans prétendre que notre corps judiciaire ait, pendant la plus grande partie de ce siècle, réalisé une perfection à laquelle il n'est sans doute pas donné aux institutions humaines d'atteindre, on peut dire qu'impartialement jugé, les idées qu'il évoque sont celles de la dignité professionnelle et d'une capacité à la hauteur de sa mission.

Vous rappellerai-je que, dans des circonstances encore peu éloignées et d'une haute gravité, la magistrature française a donné des marques non équivoques de son indépendance et de son profond attachement à ses devoirs?

Ses adversaires l'ont bien compris, et dès leur impuissance à triompher, la loi en main, d'un pareil obstacle, ils en ont été réduits à lancer des décrets iniques, à renverser, avec l'inamovibilité, le principal support de la dignité judiciaire, et à consommer cette épuration qui a découronné et déshonoré la magistrature. Involontaire et suprême hommage rendu à une résistance que l'on a bien pu briser mais non faire fléchir!

Eh bien, messieurs, n'y a-t-il pas là une justification de nos institutions, et ne sommes-nous pas autorisés à penser que si nous traversons une fâcheuse période, c'est bien moins aux lois qu'aux personnes qu'il faut nous en prendre?

A vrai dire, je crois la question plus haute : c'est seulement dans une société stable et bien équilibrée que peut naître et prendre tout son développement une véritable magistrature. Alors les fonctions judiciaires, honorables par elles-mêmes, sont naturellement recherchées en raison de la considération qu'elles procurent. Alors apparaissent et se consolident ces familles de magistrats dans lesquelles se transmettent, comme le plus précieux patrimoine, les traditions d'honneur, d'indépendance et d'élévation d'âme; alors se révèlent ces grands caractères qui sont la gloire de nos anciens parlements, et dont notre siècle même a fourni de nobles exemples.

Messieurs, une institution de cette ampleur ne se décrète pas. Elle est la résultante et comme le couronnement d'un état social, et c'est vainement que vous chercheriez à la faire surgir en modifiant quelques textes, en réclamant quelques concours, en soumettant l'avancement à des règles plus ou moins minutieuses.

Mais quoi donc, m'objecterez-vous, n'y a-t-il donc rien à dire, rien à faire? Telle n'est pas ma pensée.

« Je crois, d'abord, qu'il y a lieu de flétrir, par une énergique protestation, les déplorables mesures qui, il y a quelques années, ont si gravement entamé l'honneur du corps judiciaire.

Nous pouvons, ensuite, émettre le vœu que l'inamovibilité, désormais à l'abri de toute atteinte, soit l'indestructible garantie de l'indépendance du magistrat. Nous pouvons demander qu'elle soit étendue aux juges de paix, dont les fonctions si nécessaires acquerront d'autant plus de considération et d'autorité qu'elles paraîtront plus affranchies des influences administratives.

Enfin, Messieurs, nous élevant à des considérations plus générales et plus hautes, nous pouvons formuler le vœu que l'État, tout en conservant ses droits, favorise par ses choix la formation de familles judiciaires, préparant ainsi une pépinière de magistrats, chez lesquels les traditions d'honneur et de capacité se fortifieraient de toute la puissance de l'esprit de race.

La gravité de ces considérations n'a point échappé à la deuxième Chambre. Elle s'en est visiblement inspirée en demandant qu'on reconnût au corps judiciaire sinon le droit de se recruter lui-même, au moins le pouvoir d'écarter tout membre indigne, en dirigeant et limitant le choix du gouvernement. Il y a lieu, toutefois, de se demander si le vœu proposé ne va pas un peu loin dans cette voie. Interdire au pouvoir central toute nomination en dehors des listes de présentation préparées par les cours d'appel, ne sera-ce pas investir ces dernières d'un privilège peu en accord avec notre état social, et inaugurer un régime qui ne tendrait à rien moins qu'à faire de la magistrature un véritable corps fermé?

Si vous partagez ces appréhensions, vous jugerez peut-être, Messieurs, que le plus sage serait encore de s'en tenir à notre système actuel, et de laisser intacts les pouvoirs du gouvernement qui, en dehors bien entendu des périodes révolutionnaires où il n'y a plus ni règles ni traditions, ne peut manquer de limiter presque constamment ses choix aux présentations des chefs de cour.

J'en ai fini avec cette grave question, et je reprends la série des articles adoptés par la deuxième Chambre.

Le troisième vœu, relatif aux frais de justice, est ainsi formulé :

Article 3. — Qu'il soit procédé à une réforme fondamentale du Code de procédure en vue de réaliser, aussi complètement que possible, la gratuité de la justice.

Vous avez suffisamment compris, Messieurs, à quelles préoccupations répond cet article.

Dans toutes les instances où les intérêts engagés n'atteignent pas un chiffre élevé, plus spécialement dans les partages, dans les ventes de biens, dans les affaires entre mineurs, et bien d'autres dont l'énumération est superflue, les parties en cause sont grandement exposées à laisser dans les frais de procédure le plus clair de leur avoir. Cet état de choses, qui apporte une entrave sérieuse à la revendication et au règlement des droits les plus légitimes, est assurément regrettable, et vous êtes autorisés à en demander la réforme. Dans l'impossibilité où nous sommes d'étudier en détail une matière si complexe, nous ne pouvons qu'émettre un vœu conçu en termes très généraux. Tel est le but que la deuxième Chambre s'est proposé d'atteindre en adoptant la rédaction de son troisième vœu, que je vous demande de vouloir bien ratifier.

L'article 4 du projet de vœux est consacré au tribunal des conflits et aux tribunaux administratifs.

Il est ainsi conçu :

Article 4. — Que les tribunaux administratifs soient supprimés et que la connaissance des affaires contentieuses de leur compétence actuelle soit déférée aux tribunaux de droit commun.

Messieurs, point n'est besoin, sans doute, de vous développer longuement les griefs auxquels donne lieu le tribunal des conflits. Cette étrange juridiction a fait suffisamment parler d'elle, il n'y a pas longtemps encore, et l'impression qu'elle a produite sur l'opinion publique est certainement présente à tous les esprits. A vrai dire, il n'est peut-être rien dans toute notre organisation judiciaire qui ait soulevé un pareil concert de protestations et qui ait été frappé d'une réprobation aussi unanime de la part de toutes les personnes soucieuses de la dignité de la justice et du respect du droit.

Le tribunal des conflits, comme vous le savez, a pour mission de prononcer, lorsqu'un conflit s'élève entre le pouvoir judiciaire et le pouvoir administratif. Il se compose d'un nombre égal de conseillers à la Cour de cassation et de conseillers d'État, et est présidé par le ministre de la justice : La partie administrative de ce tribunal a donc la majorité, puisque les conseillers d'État, joints au garde des sceaux, priment en nombre les membres de la Cour de cassation. Autant dire que le gouvernement est juge et partie. On ne s'en est que trop aperçu.

Quant aux tribunaux administratifs, ce sont les Conseils de Préfecture.

Les affaires administratives et fiscales sont de leur ressort. — Institués en vertu du soi-disant principe de la séparation des pouvoirs, qui soustrait à l'examen de la juridiction ordinaire la connaissance des actes de l'autorité administrative, il a pour véritable raison d'être le désir fort naturel, mais peut-être moins légitime, de l'autorité de voir les actes de ses agents soumis à des juges plus ou moins à sa dévotion. L'inconvénient, Messieurs, c'est que si l'administration se défie des tribunaux de droit commun, le public, lui, se défie des tribunaux administratifs ; et si l'on songe au peu de garanties, ou plutôt à l'absence de garanties de cette juridiction, on est bien tenté de trouver que le public n'a pas tort.

Si tel est votre sentiment, Messieurs, vous pourrez l'exprimer en adoptant le vœu dont j'ai déjà eu l'honneur de vous soumettre les termes.

Le cinquième vœu est relatif aux tribunaux de commerce.

Il est ainsi conçu :

Art. 5. — Que les tribunaux de commerce soient supprimés dans les villes dont la population est inférieure à vingt-cinq mille âmes,

Messieurs, le vœu que je viens vous demander de consacrer a été adopté avec d'autant plus d'empressement par la deuxième Chambre, qu'au moment où nous en discutions la rédaction, nous avons été informés qu'il avait été voté dans ces termes mêmes, par la Chambre chargée des intérêts commerciaux. J'ai donc lieu d'espérer qu'il ne soulèvera aucune critique de votre part.

L'article 6 du projet de vœux est relatif à la composition du jury en matière criminelle.

Messieurs, l'institution du jury a parfois donné lieu à des critiques d'une extrême vivacité. Notre projet n'en attaque pas le principe. On a pensé qu'elle était sérieusement entrée dans nos mœurs, qu'il n'était pas indispensable, et qu'il pouvait être dangereux d'imposer à la magistrature ordinaire la responsabilité de prononcer dans des cas qui intéressent si gravement la liberté, et où la vie même peut être en jeu ; que du reste il était moral et d'un effet salutaire pour l'autorité des jugements, d'associer ainsi l'ensemble des citoyens à l'exercice de la justice. D'autre part, on ne peut méconnaître que le jury rendra très imparfaitement les services en vue desquels il a été institué si sa composition ne présente pas toutes les garanties qu'on doit exiger de véritables magistrats, capacité, esprit de justice, indépendance. La formation des listes du jury est donc d'un intérêt capital.

Or, Messieurs, ce mode de formation a varié. Avant 1872, l'administration préfectorale en était chargée. Les Chambres de 1872, préoccupées du désir d'améliorer et de fortifier cette institution en accentuant son caractère purement judiciaire, décidèrent que les listes seraient dressées par une commission composée principalement du président du tribunal et de conseillers généraux, sur une liste préparatoire dressée par les juges de paix assistés des maires. Telle est encore notre situation. Or il faut croire que les espérances qu'a pu faire concevoir cette nouvelle loi ne se sont pas réalisées, car aujourd'hui nous voyons se reproduire précisément les mêmes griefs.

La deuxième Chambre n'a cependant pas cru devoir réclamer ici une réforme radicale.

Si la composition du jury laisse beaucoup à désirer, dit la septième doléance, c'est que la loi de 1872 est mal appliquée, et le sixième et dernier vœu se borne à demander « que la liste du jury soit établie d'après un système écartant toute ingérence politique ».

N'est-il pas permis d'espérer que ce résultat serait atteint sous la loi actuelle si le recrutement de la magistrature et l'inamovibilité des juges de paix assuraient la pleine indépendance des magistrats chargés de dresser les listes tant préparatoires que définitives ?

Quoi qu'il en soit, l'extrême réserve de notre vœu et l'évidence du principe qui lui sert de base me permettent d'espérer que vous voudrez bien, Messieurs, lui donner la sanction de votre adhésion (Unanimes applaudissements).

Le premier vœu est mis aux voix.

La première partie ainsi conçue :

1. — Qu'il soit institué un corps judiciaire offrant de sérieuses

garanties de savoir, d'indépendance et d'impartialité par des modifications dans le recrutement et l'avancement des magistrats,

Est adoptée.

Sur la deuxième partie, M. Jean de Boysson propose un amendement ayant pour but d'ajouter à la fin, après les mots : *par la cour du ressort*, ceux-ci : *assistée du bâtonnier de l'ordre des avocats près cette cour.*

M. Landre propose un amendement ayant pour but de changer le mode de nomination des magistrats. Il importe, d'après lui, de rendre au corps judiciaire la considération que de douloureux événements lui ont enlevée, et de mettre un terme au scandale que provoquent à chaque instant des choix inspirés par des influences politiques.

Pour être appelé à remplir les hautes et délicates fonctions de la magistrature, les candidats devraient offrir de sérieuses garanties de dignité, de savoir et d'impartialité. Il paraît superflu de démontrer que les préférences du garde des sceaux sont dictées par des préoccupations d'une nature bien différente. Quoi qu'il advienne, la nomination des magistrats, laissée sans contrôle au pouvoir exécutif, présentera toujours de graves dangers. On pourrait à coup sûr les éviter en cherchant le remède dans le concours et l'élection. Mais ce mode de recrutement paraissant trop contraire aux idées reçues, il serait possible dès aujourd'hui de faire l'expérience d'un nouveau système qui imposerait au ministre de la justice l'obligation de choisir les magistrats sur une liste de présentation dressée par les présidents et conseillers des cours d'appel, assistés des bâtonniers de l'ordre des avocats de tous les tribunaux du ressort. L'auteur de l'amendement s'efforce de rendre évidents les avantages de son projet. Il regrette de faire durer la discussion en insistant sur des spécialités qui peuvent être sans intérêt pour une partie de l'auditoire, et, se tournant vers les dames, il leur adresse quelques mots gracieux qui sont fort applaudis.

Il tient pourtant avant de finir à relever les insinuations malveillantes contre l'Assemblée et les injures qui ont paru dans un organe de la presse.

Il le fait en termes très nets. On nous appelle réactionnaires, dit-il ; qu'on nous juge d'après les réformes que nous proposons. Est-ce à dire que nous soyons ennemis du progrès parce que nous

refusons de le confondre avec le bouleversement incessant des institutions politiques? Arrière ceux qui ne veulent du progrès que le
nom, et qui cherchent dans la persécution un prétexte à l'ajourne-
ment indéfini des promesses contenues dans leurs programmes ! Nous
ne sommes pas de ceux-là. Pénétrés de l'impérieuse nécessité de donner satisfaction aux légitimes revendications de la société moderne,
nous ne reculons devant la solution d'aucun problème, et le résultat
de nos travaux prouvera que nous savons doubler le pas quand il
s'agit d'opérer d'utiles réformes sociales. (Applaudissements.)

M. J. de BOYSSON veut comme M. LANDRE le relèvement de la
magistrature, mais il trouve la proposition trop vague et il la repousse.
La deuxième Chambre n'a nullement eu l'intention d'imposer au
pouvoir l'assentiment de la Cour pour la nomination du ministère
public. Sans doute le recrutement de celui-ci doit être entouré de
garanties, aussi est-il visé par la première partie du vœu. La seconde
concerne seulement les magistrats assis. Si nous reconnaissons au
pouvoir un certain droit en lui laissant la nomination, nous voulons
éviter un abus criant journalier : le pouvoir nommant, mais le député
ou le sénateur imposant la nomination, et le rôle de l'Etat se bornant
à un enregistrement passif. La réalisation du vœu coupera court à
tout cela. (Bravos.)

MM. de BERCEGOL et de VALON proposent d'adjoindre à la Cour,
l'un, le bâtonnier en exercice et les anciens bâtonniers près la Cour,
l'autre tous les bâtonniers du ressort.

Ces amendements sont rejetés ainsi que la proposition de M. LAN-
DRE, et l'amendement de M. de BOYSSON est adopté. L'article 1er
devient :

1. — Qu'il soit institué un corps judiciaire offrant de sérieuses garanties de savoir, d'impartialité et d'indépendance par des modifications dans le recrutement et dans l'avancement des magistrats,
notamment par l'obligation pour le pouvoir central de choisir les
magistrats assis sur une liste dressée par la Cour du ressort assistée
du bâtonnier de la même Cour;
2. — Que l'inamovibilité soit accordée aux juges de paix;

M. Richard de BOYSSON et quelques autres membres se prononcent
contre l'inamovibilité.

On procède au vote. Deux épreuves ont lieu, et après la seconde,
M. le Président déclare le vœu adopté et ajoute : « Eh bien ! les juges
de paix sont inamovibles. » (On rit.)

3. — Qu'il soit procédé à une réforme fondamentale du Code de procédure en vue de réaliser aussi complètement que possible la gratuité de la justice (adopté).

4. — Que les tribunaux administratifs soient supprimés et que la connaissance des affaires contentieuses de leur compétence actuelle soit déférée aux tribunaux de droit commun.

M. Depeyre fait remarquer que l'attribution aux tribunaux ordinaires des causes administratives pourrait augmenter les frais et compliquer la procédure; il propose d'ajouter ces mots :

Dans les mêmes conditions de gratuité et de procédure. (Adopté, ainsi que l'ensemble du vœu.)

5. — Que les tribunaux de commerce soient supprimés dans les villes dont la population est inférieure à 25,000 âmes. (Adopté.)

6. — Que la liste du jury soit établie d'après un système écartant toute ingérence politique. (Adopté.)

L'ordre du jour étant épuisé, la séance est levée à onze heures.

MESSE DE REQUIEM.

Avant la quatrième réunion plénière, les membres de l'assemblée se sont rendus, au grand complet, à la cathédrale, pour assister à une messe de Requiem, pour les âmes des députés-électeurs de l'assemblée des sénéchaussées du Quercy de 1789. M. le vicaire général de Blaviel avait bien voulu dire cette messe.

QUATRIÈME RÉUNION PLÉNIÈRE

MERCREDI MATIN, 5 JUIN.

La séance est ouverte à neuf heures, sous la présidence de M. le Vte d'Armagnac, président, assisté du R. P. de Pascal, vice-président, et de M. d'Welles.

La parole est à M. André de Chênemoireau, pour lire son rapport sur l'organisation des pouvoirs publics au nom de la deuxième Chambre :

Pouvoirs publics.

Messieurs,

Avant de soumettre à votre adhésion les projets de vœux qui sont le résumé et la conclusion des travaux de la deuxième Chambre, permettez-moi de m'arrêter quelques instants sur les considérations soit historiques, soit philosophiques qui ont été présentes à sa pensée dans l'étude de ces graves problèmes, et qui lui ont servi de guides pour en découvrir la solution.

Une question se présente tout d'abord à notre examen : quelle est aujourd'hui l'origine des pouvoirs publics ? A quelle source vont-ils puiser leur autorité ? Quel est, en un mot, ce que nous appellerons le principe de gouvernement?...

Messieurs, la réponse est facile. Le principe de gouvernement, c'est actuellement la souveraineté du nombre. C'est cette souveraineté qui constitue de nos jours la base, la base unique des institutions politiques.

Cet état de choses n'a pas une très lointaine origine ; il remonte à la Révolution ; il est la conclusion naturelle des théories de J.-J. Rousseau, théories qui, comme vous le savez, jouissaient d'un si grand crédit auprès de l'assemblée qui s'est chargée, il y a un siècle, de réviser notre antique organisation politique et sociale.

Sans doute on n'en tira pas immédiatement les dernières conséquences, puisqu'un pouvoir héréditaire, maintenu au sommet de nos institutions, échappa tout d'abord aux hasards de l'élection. Mais ce pouvoir précaire, réduit au rôle d'exécuteur des décisions d'une assemblée toute-puissante, ne prolongera pas longtemps sa fragile existence. La logique le condamne, et, au bout d'une année, la constitution de 1791 disparaît pour faire bientôt place à un régime que l'on peut considérer comme le complet épanouissement de la théorie révolutionnaire.

Depuis lors, et quelles que soient les différences des nombreux régimes auxquels la France de notre siècle a confié ses destinées, ou dont elle a subi la direction, le principe de la souveraineté du nombre s'est soigneusement maintenu dans nos diverses constitutions. — Aujourd'hui nous le voyons régner sans partage. Mais, même sous la monarchie constitutionnelle, il occupe une place considérable, je pourrais même dire prépondérante, puisque la première attribution de l'assemblée élective est de voter l'impôt *chaque année*, par conséquent de pouvoir refuser son vote, et de réduire ainsi le gouvernement à l'inéluctable nécessité d'une capitulation, ou aux périlleux hasards d'un coup d'État.

En avait-il toujours été ainsi, et la situation que je viens de définir était-elle celle de l'ancienne monarchie ? Instinctivement, et sans avoir fait d'études historiques approfondies, vous répondez : non, et vous avez raison.

Lorsque je jette les yeux sur l'ancienne France, une grande institution frappe tout d'abord mes regards : la Royauté. Et si je cherche à côté de la royauté quelque autre corps politique dépositaire d'une autorité qui lui soit propre, investi d'un pouvoir qui lui permette de contrôler et modérer la puissance royale, je ne trouve rien, rien que des institutions qui procèdent du roi, qui sont l'émanation et comme le prolongement de son pouvoir. L'aristocratie n'existe plus comme corps politique ; depuis près de deux siècles, les États généraux ne sont plus appelés à exercer leurs attributions, mal définies d'ailleurs, et dépourvues d'une sanction suffisante ; pas d'assemblée représentative, rien que le Parlement qui s'impose sans doute à nos respects en tant que compagnie judiciaire, mais dont l'opposition brouillonne et souvent malfaisante ne saurait faire illusion sur le néant de ses prétentions politiques.

Étrange régime pour nous autres, gens du dix-neuvième siècle, si épris de constitutions savamment agencées ; étrange régime, et qui donne l'illusion de l'absolutisme ! Ne serait-il pas plus sage, cependant, de dire qu'ici l'absolutisme est plus dans l'apparence que dans

la réalité? Ne faudrait-il pas reconnaître que dans cette ancienne
société française où le respect de la tradition jouait un si grand rôle,
où, en dépit des défaillances du dix-huitième siècle, les principes
religieux tenaient une place et pesaient d'un poids dont il nous est
peut-être difficile de nous faire une idée suffisante, où enfin l'opinion
publique avait acquis une force quasi-irrésistible, ne faudrait-il pas
reconnaître que l'autorité royale était soumise à mille entraves qui,
pour n'être ni précises ni faciles à définir, n'en étaient pas moins
certaines, multiples et puissantes?

Quoiqu'il en soit, et sans nous égarer dans le domaine de l'histoire,
un point est certain, et c'est le seul qui nous importe : c'est que
l'omnipotence de la royauté, fût-elle plus apparente que réelle, était
par elle-même un péril sérieux. Sans doute le roi était sans rivaux,
mais il était sans appui. — Pas de limites apparentes à son autorité,
mais aussi pas de mesure à sa responsabilité; c'est à lui que revient
l'honneur des triomphes, mais c'est jusqu'à lui aussi que remontent la
honte des revers, et le cri de la souffrance publique. — C'est un régime
dangereux, Messieurs, que celui qui condamne au génie ou au bonheur à perpétuité. — Pour nous qui jugeons l'histoire en main, et
éclairés par les leçons d'une dure expérience, ces choses apparaissent à nos yeux avec une lumière saisissante. Nos pères, moins ren-
seignés que nous, sans doute, en ont eu cependant l'intuition, je dirai
plus, l'intelligence, et le sentiment d'appréhension qui en résulta
n'est pas étranger au désir de réforme qui se manifesta si impérieux
à la fin du dernier siècle.

Je n'ai pas à vous faire l'histoire de la Révolution. Vous savez qu'un
jour vint où devant les exigences de l'opinion publique, notre vieille
royauté sentit le trône chanceler sur sa base. Le roi, pour rajeunir et
vivifier son pouvoir, voulut se mettre en communion avec la nation.
Les Etats Généraux sont convoqués. Mais il est trop tard. — L'heure
des grands bouleversements est arrivée.

Dans le désordre général, l'Assemblée nationale saisit fiévreusement
le pouvoir. — Autour d'elle, tout était ébranlé. — Elle renversa tout,
et sur la ruine de nos institutions politiques et sociales, elle édifia
quoi? La souveraineté du nombre.

Nous en sommes encore là. — Est-ce un bien? voilà la question,
question grave, question capitale, car, suivant la solution que vous
lui donnerez, vous manifesterez votre volonté de demeurer sous le
règne des principes révolutionnaires, de maintenir notre patrie dans
la voie où elle est engagée depuis un siècle, ou, au contraire, vous
exprimerez le vœu de renouer la chaîne de nos traditions historiques,
et de ramener la France à cet état de stabilité gouvernementale, grâce
auquel elle a pu, par une suite ininterrompue d'efforts sagement
dirigés, se constituer d'abord, et s'élever ensuite à un si haut point de
prospérité et de gloire.

Or, il est temps de nous le demander; qu'ont donc produit les principes révolutionnaires, et notamment celui dont nous traitons en ce
moment? Il n'est hélas! pas nécessaire de vous l'apprendre. Perpétuelle instabilité du pouvoir, retour périodique des coups d'Etat ou
des révolutions, profondes divisions à l'intérieur; à l'extérieur, aban-

don de la politique nationale et inauguration d'une politique d'aven-
ture dont nos pères et nous aussi avons pu constater les lamentables
résultats, voilà l'histoire de notre siècle. Ne vous paraît-il pas,
Messieurs, que la principale cause de nos épreuves est justement cet
état d'incertitude, d'oscillation perpétuelle, état incompatible avec tout
esprit de suite, et qui laisse la porte toujours grande ouverte aux plus
malsaines ambitions, à toutes les aventures et à tous les aventuriers?
— Et cet état d'instabilité chronique n'est-il pas la conséquence
directe de ce principe qui place uniquement dans une agglomération
numérique, dans une masse changeante, mobile et irresponsable le
dernier mot de l'autorité?

Tel est bien certainement le grand mal politique de notre époque,
le principal vice de notre situation. Instruite par une expérience déjà
longue, l'opinion publique s'en préoccupe vivement, et c'est l'expression de cette préoccupation que la deuxième Chambre a résumée dans
la première de ses doléances, dont je vais avoir l'honneur de vous
donner lecture : « Le système politique actuel a créé l'instabilité du
pouvoir, à laquelle la France doit les bouleversements et les crises
dont elle est victime, et a gravement compromis la paix sociale et
l'ordre public. »

Si, comme je vous demande la permission de l'espérer, vous vous
associez à cette déclaration, nous aurons fait un grand pas : le mal sera
connu. — Mais convient-il que nous en restions là, ne faut-il pas
entrer plus avant dans le vif de la question, en un mot, après avoir
signalé le vice fondamental de nos institutions, n'avons-nous pas à
chercher le remède? — La deuxième Chambre a pensé que garder
ici le silence serait manquer à ses plus impérieux devoirs; il lui a
semblé que nous avions mieux à faire que de nous attarder dans des
plaintes stériles, que toute doléance appelait un vœu, enfin que muti-
ler et tronquer, pour ainsi dire, l'examen d'un si grave problème,
n'était conforme ni à la franchise, ni à la dignité des travaux de
l'assemblée.

La question a donc été abordée; nous allons voir comment elle a
été résolue.

Un point qui nous a paru l'évidence même, un point sur lequel je
veux espérer qu'aucun dissentiment sérieux ne s'élèvera dans cette
enceinte, c'est que tant que le chef du pouvoir sera électif, tant qu'il
sera entouré d'institutions politiques exclusivement électives, le mal
que nous avons signalé sévira dans toute sa violence. Le pouvoir
électif, dans notre société profondément divisée, c'est l'instabilité,
c'est l'inconsistance, c'est, comme on l'a dit, le provisoire perpétuel,
notre grand ennemi, Messieurs, le dissolvant auquel rien ne résiste,
et devant lequel toutes les garanties deviennent stériles. — Pour
nous en guérir, pour revenir à une situation stable qui rouvre pour
notre patrie l'ère du progrès paisible et régulier, un seul moyen
apparaît : la constitution d'un pouvoir permanent, soustrait aux
hasards périodiques de l'élection, par conséquent héréditaire, et fortement constitué, c'est-à-dire ayant en lui-même les éléments indispensables de durée, et n'étant pas perpétuellement à la merci d'une
assemblée élective.

Nous examinerons tout à l'heure, d'une manière nécessairement très générale, il est vrai, de quelles institutions il conviendrait d'entourer, d'étayer ce pouvoir supérieur ; et c'est alors que nous retrouverons le principe électif, car, disons-le sans plus tarder, une assemblée élective, investie d'importantes attributions, doit nécessairement trouver place parmi nos pouvoirs publics ; mais c'est un sujet qui sera tout à l'heure pour nous l'objet d'une étude spéciale. Pour le moment, il est temps de nous arrêter. Aller plus loin serait sortir de notre rôle, quitter la région des principes, et tomber dans les difficultés de détail d'une constitution.

Et maintenant, si nos préoccupations vous paraissent légitimes, si, comme nous, vous jugez indispensable de donner à notre doléance sa conclusion logique, vous voudrez bien adopter le vœu dans lequel la deuxième Chambre a précisé et condensé l'expression de sa conviction profonde. Ce vœu est ainsi conçu :

Que le pouvoir souverain soit constitué sur des bases solides, et fortifié par le retour au principe de l'hérédité, consacré par l'adhésion de la volonté nationale.

Une autre question se présente maintenant à notre étude ; toute nouvelle qu'elle soit, elle se rattache étroitement à celle qui vient de faire l'objet de notre examen.

Puisque la souveraineté du nombre est le principe, l'idée fondamentale de notre organisation politique, comment se manifeste-t-elle ?

De nos jours, elle se manifeste par voie de suffrage, et de suffrage organisé d'après un groupement purement numérique des votes, c'est-à-dire où tous les votes sont confondus et comptés en masse, sans souci de leur origine ni de la diversité des intérêts qu'ils représentent.

Permettez-moi tout d'abord de déclarer que si, comme nous l'avons vu, la souveraineté du nombre donne lieu à des critiques fondamentales, ses vices sont encore considérablement aggravés par un tel mode d'exercice.

On comprend, en effet, que, tout en étant la base des institutions, cette souveraineté puisse être soumise à des règles, à des restrictions qui diminuent sa portée et préviennent ses plus fâcheux écarts.

C'est ainsi que, pendant la première moitié de ce siècle, la qualité d'électeur et d'éligible était subordonnée à des conditions plus ou moins rigoureuses de cens et de domicile. C'était, au moins on le pensait alors, autant de garanties que les droits seraient convenablement exercés.

Aujourd'hui, toutes ces garanties, quelle qu'en soit la valeur réelle, ont disparu. Le droit d'élire se trouve dans toutes les mains, le pouvoir de l'électeur est à peu près sans limites, et la confusion des votes est pratiquée sans restriction.

Depuis une quarantaine d'années que fonctionne ce système, on peut dire qu'il a montré tout ce qu'il savait et pouvait faire. L'expérience est suffisante, et nous avons sur nos devanciers l'avantage de pouvoir juger en complète connaissance de cause.

Messieurs, vous n'attendez pas de moi que je m'attarde à vous signaler et à vous développer tous les vices d'une pareille organisation. Comment la chose publique ne serait-elle pas gravement compromise lorsque l'élection de la Chambre dépositaire de la principale part d'autorité est entre les mains d'une masse purement numérique, sans cohésion, sans guides, irresponsable, susceptible d'engouements irréfléchis, et trop souvent sans défense contre les malsaines influences dont elle est entourée ? Un tel régime auquel les gouvernements ne trouvent d'autre correctif que la candidature officielle et la pression administrative n'aura-t-il pas pour conséquences trop fréquentes le triomphe de la médiocrité et du charlatanisme ?

Aussi, Messieurs, beaucoup se laissent-ils aller contre lui à d'amères récriminations, même parmi ceux dont il est le plus utile instrument. Ne l'avons-nous pas vu dans une circonstance récente encore ?

Pour nous, dont l'appréciation ne saurait être guidée que par un sentiment d'impartiale justice, nous ne saurions hésiter dans notre jugement, et ce jugement est une condamnation.

Mais nous ne sommes pas seulement ici pour condamner. Quel remède, dira-t-on, quel remède à un pareil état de choses ?

C'est ici que nous voyons apparaître de graves difficultés.

La question s'impose cependant, car un point sur lequel il semble que l'on soit d'accord, c'est la nécessité de donner place, parmi les pouvoirs publics, à une assemblée élue par le pays, chargée de concourir au vote de l'impôt, à la confection des lois, et d'assurer entre le gouvernement et la nation cette continuité, cette intimité de rapports dont l'absence a été si fatale à l'ancienne monarchie.

Cela étant donné, quel sera le meilleur système électoral? Quelles garanties exiger de l'électeur? Quelles garanties exiger de l'éligible? Tous les votes devront-ils peser d'un poids égal, et si des différences paraissent nécessaires, à quels principes recourra-t-on pour les établir? Les pouvoirs élus devront-ils être le produit du suffrage direct ou du vote à plusieurs degrés ?

En un mot, Messieurs, comment rendra-t-on certain, ou au moins le plus probable possible, le choix d'une représentation nationale à la hauteur de sa mission, éclairée, compétente, et en même temps honnête et soucieuse de respecter les principes de religion, de morale et de droit qui sont la base de tout ordre social digne de ce nom?

Vous le voyez, le problème est étonnamment complexe, et nous aurions lieu d'être effrayés si, dans les trop courts instants que nous avons à passer ensemble, nous étions tenus de le résoudre.

Permettez-moi de croire que notre tâche est tout autre. Nos travaux n'ont ni la durée ni la préparation nécessaires pour l'élaboration d'une œuvre législative aussi compliquée.

Ce que nous avons à faire, et tel a été le sentiment de la deuxième Chambre, c'est donc tout d'abord de montrer que l'importance de la question ne nous a point échappé, et d'exprimer le vœu qu'elle soit étudiée et résolue par une autorité plus compétente que nous ne saurions être.

Nous pouvons encore, et c'est sur ce point que peut utilement porter votre discussion, indiquer quelles idées générales, quels grands principes nous paraissent devoir présider à la confection de la loi future.

C'est de cette pensée que s'est inspiré le projet de vœux que je vais vous présenter. Mais, avant de vous en donner lecture, il me paraît nécessaire d'entrer dans quelques explications sur l'ordre d'idées dans lequel il a été élaboré.

Un point sur lequel il importe que votre attention soit appelée, c'est que les discussions de notre Chambre n'ont point tendu et encore moins abouti à mettre en question le principe même de l'universalité du suffrage. Bien loin de là ; pour qu'aucune équivoque ne soit possible, elle a cru nécessaire de le consacrer par une affirmation catégorique et vous entendrez tout à l'heure notre projet déclarer qu'il entend « maintenir le suffrage universel. »

C'est qu'en effet ce principe ne soulève de notre part aucune objection. Autant il est dangereux et faux de dire que le nombre est tout, autant il est naturel et juste de reconnaître qu'il est quelque chose. A vrai dire, le nombre est par lui-même une puissance, et j'oserai ajouter une puissance légitime ; n'est-il pas la réunion d'intérêts qui, tout modiques qu'ils puissent être, pris isolément, sont cependant imposants par leur masse, et dans tous les cas méritent de trouver place dans une représentation nationale complète. Aussi, Messieurs, n'est-ce pas au suffrage universel que s'adressent nos critiques, mais bien à la manière dont il est appliqué.

Le principal vice du système actuel, c'est de confondre tous les intérêts dans une représentation unique. — De là les plus graves inconvénients. Comment l'électeur apprécierait-il sainement les mérites d'une candidature établie dans un ordre d'idées absolument en dehors de la direction habituelle de son esprit ? Comment un député sur le nom duquel, faute de mieux, se sont groupés les votes d'agriculteurs, de commerçants, d'industriels, représenterait-il utilement des intérêts si divers, parfois même si contradictoires ? Ne favorisera-t-il pas les uns au préjudice des autres, et alors même qu'on lui supposerait les plus équitables intentions, aura-t-il donc une compétence, une capacité quasi-universelle ? On est ainsi amené à se demander s'il ne serait pas logique que, dans chaque circonscription, chaque groupe principal d'intérêts eût une représentation particulière.

De cette manière, l'électeur maintenu dans une sphère relativement restreinte, naturellement guidé par le souci de ses intérêts à défendre, pourrait apporter dans son choix plus de compétence, plus de discernement que si son vote était uniquement déterminé par les déclamations trop souvent vagues et banales d'une profession de foi électorale.

Et d'autre part, une assemblée qui serait la réunion de pareils élus ne serait-elle pas, dans sa diversité, une représentation nationale particulièrement exacte, sincère, et apte à rendre des services.

Vous pensez bien, Messieurs, que je ne m'arrêterai pas à prévoir ici toutes les difficultés, nombreuses sans doute, que rencontrerait la mise en pratique d'un pareil système. Encore une fois, ce n'est pas une loi que nous avons à faire. C'est un principe que nous cherchons. Si ces considérations vous paraissent justes, si la représentation des intérêts vous paraît une base sérieuse pour la préparation de la loi dont nous réclamons la mise à l'étude, nous espérons que vous voudrez bien adopter le projet de vœu préparé par la deuxième Chambre, et qui est ainsi conçu :

4° Qu'il y a lieu de reconnaître à tout Français le droit de vote, et par conséquent de maintenir le suffrage universel. Mais, éclairée par l'expérience sur les imperfections de l'organisation actuelle du suffrage, l'Assemblée émet le vœu qu'un système électoral soit mis à l'étude pour substituer au groupement numérique des votes le principe de la représentation des intérêts.

5° Que tout au moins, et comme acheminement à cette réforme, les lois soient à l'avenir dans leur élaboration entourées d'une garantie par la participation : pour les lois d'ordre général, du Conseil d'État, et pour les lois spéciales, de chambres consultatives professionnelles élues par les intéressés.

Vous le voyez, la première partie pose le principe, la seconde n'est que subsidiaire.

Il me reste à vous parler de la centralisation administrative.

Comme vous le savez, on désigne ainsi la concentration des pouvoirs entre les mains de l'État. L'abus de la centralisation se produit lorsque l'État, non content de s'attribuer la gestion des intérêts d'ordre général, prétend en outre gérer les intérêts d'ordre purement local. — A vrai dire, c'est la tendance naturelle et presque inévitable de tout gouvernement. — Notre ancienne monarchie, qui poursuivit avec tant de persévérance et de bonheur la formation de l'unité nationale, chercha dans la concentration des pouvoirs entre ses mains un instrument indispensable au succès de son œuvre. De bons esprits estiment même qu'elle est allée trop loin dans cette voie. — Ce qui est sûr, c'est que le principe de la centralisation a été démesurément exagéré par les gouvernements issus de la Révolution. La suppression des provinces, la division de la France en départements, l'abolition des corporations, la guerre à l'esprit d'association sous toutes ses formes, telles sont les principales manifestations de la théorie alors en vogue.

De nos jours, une réaction semble s'être produite. Beaucoup pensent que si la centralisation peut, en certaines circonstances, produire d'utiles résultats, elle n'est pas non plus sans entraîner de fâcheuses conséquences lorsqu'elle est exagérée, et on ajoute qu'actuellement il y a exagération manifeste.

Quant aux maux qu'on lui impute, ils sont clairement et suffisamment indiqués dans les doléances que je vais tout à l'heure mettre sous vos yeux. La première Chambre a pensé qu'elle ne pouvait traiter cette question que d'une manière très générale. La centralisation touche à une multitude d'intérêts; vouloir en apprécier tous les effets serait nous lancer dans l'examen d'un nombre infini de matières. De plus, en procédant ainsi, nous serions presque inévitablement amenés à excéder les limites naturelles de nos travaux, et à empiéter sur le domaine des autres Chambres.

Et, par exemple, parlerons-nous de la liberté d'association, de la vie corporative? Voilà, sans nul doute, des matières qui se rattachent intimement à notre sujet. Ne vous semble-t-il pas cependant que l'étude de ces questions, j'entends l'étude approfondie, rentre plus naturellement dans les attributions de ceux de nos collaborateurs qui ont à traiter des intérêts des classes agricoles et ouvrières?

C'est ce qu'a compris la Chambre dont j'ai l'honneur d'être le Rapporteur. — Elle a reconnu qu'elle ne pouvait porter ici qu'un jugement de principe, de telle sorte qu'éliminant d'une part ce qui ne se rapportait pas très directement à la question de la décentralisation, d'autre part tout ce qui aurait pu entraîner à l'examen de questions trop spéciales, elle a résumé ses vœux en ces termes :

2° Que tout en maintenant à l'Etat son droit de haute surveillance, la décentralisation soit pratiquée dans la plus large mesure possible en faveur des communes et des départements; que l'esprit d'association soit encouragé et que des lois soient préparées pour faciliter le retour à la vie municipale et corporative, libre et autonome.

3° Que les intérêts communs d'une région soient confiés à une organisation régionale complète, qui, tout en respectant le département dans ce qu'il peut avoir d'utile et sans revenir aux anciennes divisions provinciales, réalise une décentralisation effective au point de vue administratif, judiciaire, universitaire, militaire et économique. (Applaudissements.)

M. le Président remercie M. le Rapporteur de son remarquable et lumineux travail qui a vivement intéressé l'Assemblée. (Assentiment unanime.)

Les vœux proposés par la deuxième Chambre sont mis aux voix.

A l'occasion du premier vœu, M. Jean de Boisson demande que le procès-verbal fasse mention de l'amendement proposé au cours de la discussion dans la deuxième Chambre, et qui avait pour objet la suppression du paragraphe relatif au principe de l'hérédité. (Adopté.)

M. LANDRE reprend l'amendement et demande la division.

La division est accordée et la première partie du vœu est mise aux voix :

L'Assemblée émet le vœu que le pouvoir souverain soit constitué sur des bases solides.....

M. LANDRE fait observer que les mots « pouvoir souverain » comprennent l'ensemble des pouvoirs exécutif et législatif. Le vœu en discussion s'applique spécialement au premier de ces pouvoirs et il propose de remplacer les mots « pouvoir souverain » par ceux-ci : « pouvoir exécutif. » (Adopté.)

La seconde partie du vœu :

Et fortifié par le retour au principe de l'hérédité consacré par l'adhésion de la volonté nationale,

Est adoptée.

L'ensemble du vœu est mis aux voix et adopté avec sa nouvelle rédaction :

1. — L'assemblée émet le vœu que le pouvoir exécutif soit constitué sur des bases solides et fortifié par le retour au principe de l'hérédité, consacré par l'adhésion de la volonté nationale.

2. — Que tout en maintenant à l'Etat son droit de haute surveillance, la décentralisation soit pratiquée dans la plus large mesure possible en faveur des communes et des départements ; que l'esprit d'association soit encouragé et que des lois soient préparées pour faciliter le retour à la vie municipale et corporative, libre et autonome.

M. de RIVOYRE, qui a présenté à la deuxième Chambre un travail très étudié sur la question de la décentralisation (voir annexe B), entretient l'Assemblée des nombreux inconvénients que présente, pour la prompte expédition des affaires, la division administrative par arrondissements ; il cite un exemple topique des lenteurs déplorables occasionnées par ce rouage inutile. Il demande que le vœu proposé soit rédigé d'une façon plus précise et fasse mention de l'organisation cantonale substituée à l'organisation par arrondissements.

Il est répondu à M. de RIVOYRE par le Rapporteur de la seconde Chambre que la rédaction qu'il propose, malgré le bien fondé de ses observations, aurait l'inconvénient de viser un point trop spécial, ce qui n'est pas du ressort de l'Assemblée, laquelle doit s'en tenir à l'énoncé de principes généraux et n'a pas à faire acte de législateur.

Adoptant cette manière de voir, l'Assemblée accepte le vœu, tel qu'il est présenté par la deuxième Chambre.

A propos du troisième vœu :

Que les intérêts communs d'une région soient confiés à une organisation régionale complète, qui, tout en respectant le département dans ce qu'il peut avoir d'utile et sans revenir aux anciennes divisions provinciales, réalise une décentralisation effective au point de vue administratif, judiciaire, universitaire, militaire et économique,

M. de RIVOYRE, dont le travail précité traite aussi cette question, expose les avantages de cette organisation régionale, qui du reste est déjà réalisée sur plusieurs points par la création des corps d'armée, des universités, des Cours d'appel, etc. La facilité actuelle des communications sera d'un grand secours pour cette organisation, et il y aurait un incontestable avantage pour les intéressés à trouver réunies au même point les diverses branches de l'administration. De plus, cette réunion en faisceau d'un certain nombre de départements suivant la communauté de leurs intérêts, et la représentation de ces divers intérêts ainsi groupés par une sorte de Sénat provincial, pourraient servir à la constitution et au recrutement d'une Chambre haute.

M. de RIVOYRE désirerait que ces idées fussent exprimées dans la rédaction du vœu en ce moment soumis à l'Assemblée. Mais le Rapporteur de la deuxième Chambre reproduit l'observation déjà faite à l'occasion du vœu précédent. L'Assemblée la reconnaît de nouveau bien fondée, et ne croit pouvoir tenir compte du désir exprimé par M. de RIVOYRE à cause du caractère trop spécial de sa proposition. Mais pour témoigner de la faveur avec laquelle elle a accueilli sa communication elle décide que son travail sera annexé au procès-verbal et publié dans le compte-rendu.

M. de RIVOYRE propose alors un amendement au texte même du vœu proposé par la seconde Chambre. Le vœu, tel qu'il est rédigé, semble condamner en principe le retour à l'ancienne division par provinces, division qui était cependant basée le plus souvent sur la communauté des intérêts, les affinités morales et historiques des régions ainsi réparties.

Il propose de rédiger ainsi cette partie du vœu :

Sans revenir *nécessairement* aux anciennes divisions provinciales.

Cette modification est adoptée, ainsi que l'ensemble :

3. — Que les intérêts communs d'une région soient confiés à une organisation régionale complète, qui, tout en respectant le département dans ce qu'il peut avoir d'utile et sans revenir nécessairement aux anciennes divisions provinciales, réalise une décentralisation effective au point de vue administratif, judiciaire, universitaire, militaire et économique.

Qu'il y a lieu de reconnaître à tout Français le droit de vote et par conséquent de maintenir le suffrage universel. Mais éclairée par l'expérience sur les imperfections de l'organisation actuelle du suffrage, l'Assemblée émet le vœu qu'un système électoral soit mis à l'étude pour substituer au groupement purement numérique des votes le principe de la représentation des intérêts.

M. LANDRE demande la division du vœu. Il votera la première partie consacrant le droit de vote de tous les Français et le maintien du suffrage universel. Mais il craint que la seconde partie ne puisse être interprétée comme un retour au régime censitaire, ce qui n'est certainement dans les désirs d'aucun des membres de l'Assemblée.

M. le Rapporteur accepte la division demandée, mais il déclare au nom de la deuxième Chambre que la seconde partie du vœu ne vise nullement l'hypothèse signalée par M. LANDRE. Il n'y a été fait aucune allusion dans la discussion de la Chambre qui propose le vœu, et son adoption par l'Assemblée n'impliquera en aucune façon la tendance à revenir au régime censitaire, surtout après qu'elle aura affirmé, par le vote de la première partie de l'article, son désir de voir maintenir le droit de vote à tous les citoyens et le suffrage universel, pour l'expression duquel on souhaite seulement une organisation plus rationnelle.

M. de VALON fait remarquer que la division du vœu est intéressante à un point de vue différent. Le principe, énoncé dans la seconde partie, de la représentation des intérêts, ne préjuge-t-il pas la question du scrutin de liste qui seul peut permettre cette représentation? Pour lui, il est partisan de ce mode de votation et ne voit à cet égard aucun inconvénient à l'adoption de la seconde partie du vœu; mais la division peut offrir un intérêt pour les partisans du scrutin uninominal. (Assentiment.)

La division étant acceptée, la première partie de l'article est mise aux voix, et l'Assemblée décide à l'unanimité :

4. — Qu'il y a lieu de reconnaître à tout Français le droit de vote et par conséquent de maintenir le suffrage universel.

Le second paragraphe est mis aux voix et adopté avec un amendement de M. J. de BOYSSON qui le modifie dans le dernier membre de phrase :

Mais, éclairée par l'expérience sur les imperfections de l'organisation actuelle du suffrage, elle émet le vœu qu'un système électoral soit mis à l'étude pour substituer au groupement purement numérique des votes le principe de la représentation de *tous* les intérêts.

L'ensemble du vœu est ensuite mis aux voix et adopté.

L'Assemblée vote en outre l'annexion au procès-verbal et la publi-

cation dans le compte-rendu des travaux déposés par MM. Gras et
Favas, relatifs à un système d'organisation du suffrage.

5. — Que tout au moins, et comme acheminement à cette réforme,
les lois soient à l'avenir, dans leur élaboration, entourées d'une garantie par la participation : pour les lois d'ordre général, du Conseil
d'Etat, et pour les lois spéciales, de chambres consultatives professionnelles élues par les intéressés. (Adopté.)

La parole est ensuite donnée à M. Vigouroux pour la lecture de
son rapport sur les intérêts agricoles et ruraux, et des vœux proposés
par la troisième Chambre :

Intérêts agricoles.

MESSIEURS,

Si dans tous les temps et dans tous les lieux l'agriculture a constitué le plus solide et le plus durable fondement des nations fortes et
prospères, toutes les questions qui se rattachent aux intérêts agricoles
et ruraux, si modestes qu'elles paraissent, surtout après la brillante
discussion qui les a précédées, vous sembleront les plus dignes de
votre attention soutenue et de votre patriotique sollicitude. Ces questions ont d'autant plus d'importance qu'elles intéressent les trois
cinquièmes de la population française et la presque totalité des habitants de notre Quercy, principalement agricole, exclusivement rural,
dans lequel n'existent pas les grandes agglomérations.

Aussi les généreux initiateurs de cette brillante et nombreuse
Assemblée ont-ils tracé une large voie et fait une grande place aux
doléances et aux vœux de l'agriculture. Une enquête préliminaire,
commencée en 1888, a réuni vingt-cinq dépositions dont la valeur
numérique s'accroît des renseignements collectifs dûs à plusieurs
syndicats agricoles de la région.

Ces dépositions ont servi de base à l'avant-projet de cahiers, rédi-
gés avec tant de clarté, de mesure et de sens pratique, soumis à vos
méditations individuelles par une distribution de 400 exemplaires, por-
tés ensuite aux trois réunions successives de votre troisième Chambre, qui les a discutés et en a adopté l'esprit et les termes.

Si ces cahiers pouvaient servir de base à une réforme législative et
morale, nous aurions la conviction d'avoir planté, nous aussi, dans le
sol de la démocratie nationale, et pour célébrer le centenaire de 1789,
l'arbre de la liberté et de l'indépendance véritables, qui pousse beaucoup moins de racines dans les idées systématiques ou dans les textes de lois, que dans la nature même des hommes et des choses.
Vous en serez convaincus, Messieurs, si vous voulez bien suivre
patiemment votre Rapporteur et, continuant ici, dans la terre féconde
des idées justes et morales, la profession si nécessaire de l'agriculteur, creuser avec lui le sillon de vos doléances pour y déposer la
semence de vos vœux,

Au premier rang de ses préoccupations, la troisième Chambre a placé la dépopulation des campagnes. Ce fait est trop incontestable dans sa réalité, trop constant dans ses progressions inquiétantes, pour que son existence ait pu soulever le moindre doute. L'augmentation très faible de la population totale ne profite qu'aux villes, et celles-ci augmentent sans cesse d'habitants au préjudice des campagnes. Chacun de vous a pu constater que, dans sa propre localité, les décès excèdent les naissances, et la population rurale a diminué d'un cinquième environ depuis un demi-siècle.

Affaiblissement de l'attachement au sol, attrait de la vie urbaine et des emplois administratifs, appât de salaires plus élevés, inégalité de traitement entre les villes et les campagnes, au point de vue comparé des impôts, des secours, de la sécurité et des commodités de la vie : telles sont les causes principales qui ont été assignées à ce mouvement, accéléré d'ailleurs par la perte des vignes, la diminution des récoltes et l'augmentation de la gêne et des souffrances publiques.

Quoi qu'il en soit, ce mouvement entraîne, à tous les points de vue, un très grand mal. D'une part, diminution de force, de bras, de travail et de produit, d'autre part, augmentation de consommation, puisqu'il est reconnu que l'habitant des villes consomme plus de valeurs que celui des campagnes pour aboutir à une infériorité marquée dans la santé, la moralité et le respect du pouvoir. Tel est en deux mots le bilan de la dépopulation des campagnes au point de vue économique et social. Les branches gourmandes épuisent les racines de la vie nationale.

Votre troisième Chambre a signalé une seconde cause de trouble et de désordre résultant de la diminution de la valeur de la terre. L'existence de ce second fait n'a également soulevé aucune contestation. Chacun de vous a pu apprécier autour de lui combien a été rapide et accélérée la chute de la valeur de la propriété rurale. Elle ne s'est pas fait seulement sentir dans les pays de vignobles, où le changement des prix a été si brusque et si énorme : elle s'est encore étendue aux pays de céréales et de bestiaux, à tel point que la valeur des immeubles ruraux a diminué en moyenne de la moitié depuis quinze ans.

La terre plus mal cultivée et appauvrie, des récoltes moindres en quantité et en valeur, ont cessé de pouvoir suffire aux besoins plus ou moins factices du cultivateur devenu plus exigeant.

Les dépenses d'exploitation ont aussi presque égalé les produits : aussi les capitaux se sont éloignés absolument des placements immobiliers, et la baisse de la valeur des immeubles ruraux s'est accentuée de plus en plus, non sans entraîner après elle de vastes et irréparables ruines.

Qui d'entre vous, en effet, n'a été la victime ou n'éprouve encore le contre coup de ces expropriations subites qui viennent frapper des familles, imprévoyantes peut-être, mais dignes, à coup sûr, du plus grand intérêt? Le nombre des expropriations a grossi dans une effrayante proportion. Ce qu'un tel symptôme, grossi par les liquidations amiables, suppose de frais de justice, de pertes et de retards dans les transactions, de tristesses, d'angoisses et de larmes au sein de familles déracinées et abattues : votre esprit le devine facilement, alors même que votre cœur ne puisse pas aussi aisément en supporter l'affligeante pensée!

De si graves désordres sont le résultat de lois politiques, civiles et économiques, de traités commerciaux et de mœurs contre lesquels votre troisième Chambre vous propose d'accentuer de justes plaintes.

Les lois politiques, en ne reconnaissant aucun principe d'ordre ou d'autorité supérieure à la volonté d'une majorité factice, en subordonnant aux hasards de l'élection les immuables maximes qui régissent la religion, la propriété, la famille, ont communiqué leur propre instabilité à la production agricole qui, n'étant pas sûre du lendemain, n'ose pas entreprendre ces laborieuses et séculaires améliorations, fruit du concours assidu de générations successives. Jamais agriculteur prévoyant n'exploitera avec goût un sol soumis à l'action périodique et destructive des valeurs.

Mais ces craintes énervantes deviennent à des époques inéluctables, des réalités malfaisantes, grâce aux lois civiles sur le partage indéfini des domaines et des parcelles. Le partage en nature et le morcellement produisent un double effet : ils tendent d'abord à augmenter le nombre des propriétaires, et ils ont ensuite pour effet direct et immédiat de créer une infinité de parcelles exiguës et inexploitables. Que le nombre des propriétaires augmente, que la terre appartienne de plus en plus à ceux qui la cultivent, rien n'est plus véritablement démocratique et plus désirable, puisqu'il est d'expérience constante que les terres sont d'autant mieux exploitées et améliorées qu'elles cessent d'être entre les mains de salariés ou de tenanciers. Mais rien n'est plus nuisible à l'intérêt agricole et public que le second effet du partage, c'est-à-dire la division et la subdivision des immeubles en parcelles de plus en plus petites : les transports y deviennent huit fois plus considérables que dans les domaines agglomérés et y causent une déperdition sensible des matières fertilisantes ; les machines agricoles, et souvent la liberté des assolements, n'y trouvent plus d'application ; les contestations sur les limites, les passages et les servitudes de toute espèce tendent à se multiplier sans mesure : autant de dangers et de pertes qu'il faut éviter au cultivateur si on veut lui assurer la libre et paisible possession de son domaine.

C'est faute, croyons-nous, d'avoir distingué entre ces deux effets du partage et du morcellement, que plusieurs d'entre vous, Messieurs, n'ont vu aucun mal au partage indéfini et ont déclaré, au contraire, que la petite culture est un bienfait, puisqu'elle retient le paysan aux champs. Et, il faut en convenir, notre Quercy, assez fidèle jusqu'ici à ses anciennes coutumes, n'a pas encore éprouvé tous les effets désastreux du morcellement au point de vue de l'exploitation rurale.

Tandis que la France est divisée en 127 millions de parcelles d'une étendue moyenne de 28 ares environ, de telle sorte que le domaine rural se compose d'un nombre moyen de parcelles s'élevant à 25 (1), les contrées placées autour de nous et sous nos yeux ne paraissent pas avoir subi la même pulvérisation.

Quoi qu'il en soit, il n'est pas contestable que le morcellement exa-

(1) V. Débats du Sénat, séance du 11 juillet 1884, *Journal officiel*, p. 1248.

géré du territoire ne nuise à l'exploitation, qu'il ne soit à craindre, puisqu'il existe ailleurs, et qu'il ne soit nécessaire de fermer la porte à ses envahissements, dans le but même de retenir le paysan sur ses terres.

Il ne paraît pas non plus contestable qu'entre les deux effets ci-dessus décrits du morcellement, le second est beaucoup plus sûr que le premier; en d'autres termes, le partage forcé a moins pour effet certain et irrésistible de multiplier le nombre des propriétaires que de morceler à l'infini les héritages.

Ce dernier résultat est toujours immédiat et certain, tandis que la multiplication du nombre des propriétaires est toujours très problématique, le copartageant loti, qui n'est pas agriculteur et qui ne réside pas sur les lieux, vendant habituellement son lot, et vendant le plus souvent à d'autres que celui qui aurait intérêt à réunir les parcelles divisées.

Le partage forcé, en tant qu'il est appliqué aux petits domaines, est donc nuisible à l'exploitation rurale, à cause du morcellement indéfini qui en est la conséquence nécessaire. Il empêche aussi les améliorations: celles-ci coûtent trop au cultivateur pour qu'il les entreprenne, quand un autre doit en profiter dans une mesure trop sensible et qu'il ne doit pas les garder.

Il tend à disperser la famille rurale et à réduire ses membres à l'état de salariés. Si, en effet, un domaine rural est simplement suffisant à l'entretien d'une famille agricole de cinq à six membres, et s'il est divisé, par exemple, entre trois frères, sans que la réunion des parcelles soit opérée de nouveau sur la tête de l'un d'eux, les trois familles nouvelles de chacun de ces frères, ne pouvant plus subsister sur le domaine morcelé, seront toutes contraintes à louer ou leurs services ou des terres destinées ainsi à être exploitées avec moins de goût.

En dispersant les familles, en multipliant les prolétaires, le partage forcé empêche sans doute les grandes propriétés, mais non les grands propriétaires. Il est possible, en effet, d'être grand propriétaire en réunissant des petites parcelles en nombre assez considérable. Ainsi, par l'effet du partage forcé, les faibles perdent leur indépendance, les forts augmentent leur domination, et l'agriculture voit diminuer le nombre des terres sagement exploitées et considérablement améliorées.

Enfin le partage forcé provoque la stérilité des mariages. L'agriculteur voit augmenter ses charges et diminuer ses pouvoirs avec le nombre de ses enfants; en multipliant la vie autour de son foyer, il compromet une œuvre qui a été peut-être la seule et la plus importante de toute sa vie: la constitution d'un petit domaine rural. Pourquoi donc s'étonner qu'il n'ait qu'un ou deux enfants au plus, et que la loi lui défendant de transmettre librement et intégralement son domaine à l'aîné, il ne prenne le parti de se rendre plus puissant que la loi en supprimant les cadets, et avec eux toute espèce de procès. Ce fait, que révèle suffisamment l'observation de chaque jour et la diminution constante de la natalité dans les familles aisées, est d'autant plus douloureux que la société se recrute ainsi dans le prolétariat, c'est-à-dire avec de moindres garanties de santé, de morale et de stabilité.

'S'il a paru utile, à cause des dissentiments qui se sont élevés, de retenir quelque temps votre attention sur les lois civiles qui ont établi le partage forcé et indéfini des terres, il n'existe aucun motif d'insister sur l'effet désastreux des lois économiques et fiscales au point de vue agricole. Une propriété immobilière et rurale qui paie au moins 25 % de ses revenus; une propriété mobilière qui est imposée seulement à 4 %; une rente qui, sans nécessiter aucun effort, sans créer aucun produit, jouit à la fois de l'insaisissabilité et de l'exemption de toute charge; l'agriculteur français frappé de taxes et accablé d'impôts deux ou trois fois plus élevés que ceux des producteurs étrangers: voilà l'état véritable et officiel de l'agriculture française, à laquelle on prêche la liberté après l'avoir préalablement liée. Et cette inégalité se retrouve même à l'intérieur au point de vue de l'impôt foncier: ainsi, d'après un dernier travail de l'administration des contributions directes, le Lot et le Tarn-et-Garonne paient plus de 400 mille francs par an au delà de leur part exactement contributive (1).

Les traités de commerce et les tarifs de pénétration, conclus ou approuvés sans aucun concours des représentants autorisés de l'agriculture, viennent encore aggraver les charges de l'impôt et les difficultés de la concurrence. Les blés, les vins, les maïs, les bestiaux pénètrent en France avec des facilités si grandes et des excédents d'importation tellement effrayants, que les auteurs d'une pareille législation semblent avoir eu pour but de surexciter à l'excès la consommation et la dissipation, de décourager la production nationale et de rendre la France tributaire de ses pires ennemis.

Les mauvaises mœurs, cortège inséparable de la misère, se répandent de plus en plus dans nos campagnes et trouvent des auxiliaires puissants dans la presse antireligieuse, la liberté et la multiplication des cabarets. Nos jeunes gens apportent trop souvent de la vie de caserne des habitudes d'oisiveté et de débauche, et (qui le dirait?) d'orgueil et d'insoumission qui rendent leur retour aux occupations rurales plus incertain et moins productif.

Il faut avo' aussi le courage de le dire, Messieurs, les classes élevées abandonnent quelquefois leur devoir social et leur mission providentielle. Se considérant beaucoup trop comme les maîtres absolus et irresponsables d'une fortune dont la Providence leur a confié seulement la gestion en vue du bien public et de la protection des faibles, elles préfèrent trop souvent les dépenses de luxe et de plaisir aux œuvres d'utilité publique et sociale telles que: conseils dévoués et désintéressés, églises, écoles, hospices ruraux, œuvres de bienfaisance. Et ce dernier moyen d'exercer un ascendant légitime et une influence incontestée ne serait-il pas plus digne et plus sûr que l'éclat de fêtes vaines ou de dissipations improductives? (Applaudissements.)

Après vous avoir exposé ses doléances, la troisième Chambre vous

(1) Rapport à la Chambre des députés, 12 juillet 1887, *Journal officiel, Doc. parlem.*, p. 1064.

propose, Messieurs, d'adopter les vœux qu'elle va développer devant vous.

Elle demande d'abord la constitution immédiate de chambres d'agriculture. Actuellement les chambres d'agriculture sont nommées par le préfet (1) et représentent moins les besoins réels de la profession que les visées systématiques de l'administration centrale. Il importe de leur communiquer une vie moins factice et plus réelle en les faisant dériver de l'élection comme les chambres de commerce et les chambres consultatives des arts et manufactures (2). Déjà la loi du 20 mars 1851 avait tracé la voie; et plusieurs propositions ont été déposées sur le bureau de la Chambre des députés en 1883 et 1884 (3).

Il est temps de faire cesser une inégalité choquante et d'accorder une représentation spéciale à la profession la plus nombreuse, la plus utile, la plus imposée et la plus sacrifiée.

Faut-il de plus, comme l'ont proposé quelques-uns d'entre vous, accorder aussi une place distincte à l'agriculture au milieu des assemblées politiques, départementales ou provinciales? L'un des vœux émis par votre seconde Chambre, relativement au suffrage universel et au vote des lois, répond suffisamment à cette préoccupation.

L'extension des libertés communales est une des questions auxquelles votre troisième Chambre attache le plus de prix. Elle proteste surtout contre la suppression des plus forts imposés, observant avec juste raison que la fiction remplace trop souvent la réalité, et que les impôts finissent par être votés, avec trop de largesse, par ceux qui ne les paient point.

Plusieurs d'entre vous ont été frappés également de la multitude des dépenses obligatoires qui encombrent les budgets communaux et engagent d'avance la liberté de la plupart des délibérations. Une décentralisation progressive et mesurée, au point de vue de l'origine et de l'emploi des fonds, vous paraîtra sans doute de nature à développer plus rapidement les libertés communales.

On parle bien souvent du gouvernement du pays par le pays et on ne s'aperçoit pas que cette maxime contient plus d'ironie que de réalité effective lorsque le gouvernement central, excédant sa mission, vient s'asseoir au foyer domestique pour y supplanter l'autorité paternelle et s'installe dans nos mairies pour y étouffer l'initiative communale. (Bravos.)

C'est, en effet, une négation absolue et outrée de l'autorité paternelle que les lois restrictives de la liberté pour la composition des lots en matière de partage. Presque toujours l'intérêt de tous et l'intérêt public, c'est que le père puisse assurer à l'un des enfants l'intégrale possession du domaine à la charge de payer aux autres des soultes équivalentes à leur lot. Ce n'est pas ce que la loi permet; elle dit au père : « Tu peux faire un arrangement entre tes enfants, mais à la condition que tu attribueras en nature un lot à chacun d'eux, même

(1) Décret du 25 mars 1852.
(2) Décret du 22 janvier 1872.
(3) Voy. Propos. de M. le baron de Ladoucette, 17 mars 1883, *Doc. parlem.*, p. 1504; Projet de loi de M. Méline, 20 mars 1884, *ibid.*, p. 509.

à ceux qui ne doivent pas l'exploiter; il faut que tu détruises en un clin d'œil et par ta signature le petit domaine rural que tu as pendant toute une vie lentement et péniblement constitué ; sinon , gare aux procès, aux discordes et à la ruine ! »

Il n'est peut-être aucun tribunal et aucun jurisconsulte qui ne déplore une pareille aberration. Mais la loi et le Code civil ont eu raison jusqu'ici des revendications les plus légitimes. Votre troisième Chambre vous propose, Messieurs, d'ajouter vos vœux aux énergiques protestations de l'enquête de 1866 et aux propositions et rapports favorables qui ont saisi la Chambre des députés de cette question en 1887 (1).

Votre attention va être appelée maintenant sur une question très voisine et également importante, quoique distincte. Elle a soulevé des objections de la part de plusieurs d'entre vous : il s'agit du vœu relatif à l'insaisissabilité partielle du domaine rural.

Vous savez, Messieurs, que la loi actuelle déclare insaisissables, en totalité ou en partie, un grand nombre d'objets et notamment les outils des artisans nécessaires à leur occupations personnelles, les traitements et pensions des fonctionnaires publics. On a également proposé de rendre insaisissables les appointements et salaires des ouvriers et des employés (2).

Il a paru à votre troisième Chambre que, par une juste assimilation avec ces précédents législatifs, il y avait lieu, dans l'intérêt public et afin d'attacher plus fortement le cultivateur à la terre, de le faire profiter, dans une mesure restreinte, d'un bénéfice qui a été étendu jusqu'aux rentes sur l'Etat et aux obligations du Crédit Foncier (3). Et, en effet, la terre est pour le cultivateur l'instrument de son travail et le principe de son salaire ; ce n'est qu'en lui assurant la possession de l'instrument qu'on peut le mettre à l'abri des découragements stériles et des émigrations urbaines. Il faudrait seulement restreindre l'insaisissabilité au fonds et aux fruits de la portion du domaine suffisante pour mettre le cultivateur et sa famille à l'abri de la nécessité la plus urgente. D'autres pays prospères nous ont précédés dans cette voie : les Etats-Unis, l'Allemagne, le Canada n'ont pas hésité à admettre cette institution qui a eu pour effet direct d'accroître la prospérité de leur agriculture.

Mais l'insaisissabilité, dit-on, c'est la ruine du crédit rural ? Il n'est pas bien sûr d'abord que la facilité du crédit soit toujours une cause de prospérité ; il est d'expérience, au contraire, qu'elle entraîne souvent la ruine de l'emprunteur. En second lieu, l'insaisissabilité diminue le crédit réel, mais n'enlève rien à la facilité du crédit personnel, à celui qui est fondé sur la moralité et l'activité de l'emprunteur et qui est le plus fécond. Enfin l'insaisissabilité ne doit être que partielle ; l'emprunteur verra donc augmenter son crédit réel s'il possède en outre des immeubles non déclarés insaisissables.

Conserver les petits domaines ruraux, c'est l'objet de l'insaisissa-

(1) Propos. par M. de Mun et autres, 8 mars 1887, *Doc. parlem.*, p. 687; Rapport, 9 juin 1887, par M. Boreau-Lajanadie, *ibid.*, p. 801.
(2) Propos , Chambre des députés, 12 décembre 1885, *Doc. parlem.*, p. 668.
(3) Décret du 28 février 1852, art. 18, 27, 30.

bilité : les constituer, tel est le but de différentes propositions faites
en ces derniers temps. Au nombre des plus intéressantes, il faut
signaler le vœu présenté par M. de Scorbiac au Conseil général
de Tarn-et-Garonne le 1er mai dernier, et approuvé par ce conseil.
L'honorable membre demande que les propriétés acquises par le Crédit
foncier, par suite des malheurs de l'agriculture et qui sont ruineuses
pour cet établissement, soient disposées en petites fermes et vendues à
des familles de cultivateurs moyennant des annuités modérées.

Presque en même temps, au pôle opposé des opinions sociales et
politiques, une proposition de loi présentée à la Chambre des députés
le 4 juillet 1887 (1), a pour but de constituer de petits domaines
agglomérés autour de la maison d'habitation et d'exploitation. Il est
vrai que les moyens proposés pour atteindre ce but, aussi violents et
injustes qu'inefficaces, ne peuvent être approuvés. Mais il ne résulte
pas moins de cette proposition une adhésion implicite à la constitution
de petits domaines ruraux, destinés à assurer l'indépendance des
cultivateurs et les progrès de la culture.

Votre troisième Chambre estime donc qu'il y a lieu d'élargir le vœu
relatif à l'insaisissabilité en exprimant le désir que la législation faci-
lite d'une manière spéciale la libre constitution et la conservation des
petits domaines ruraux agglomérés.

Il ne serait pas suffisant de favoriser la production si les produits
devaient être livrés sans défense à la cupidité des agioteurs. Il y a
donc lieu de demander d'abord l'application rigoureuse de l'article 419 du Code pénal contre les accapareurs, en attendant qu'une
législation plus complète puisse saisir et réprimer toutes leurs menées
ténébreuses.

D'autre part, les traités de commerce ont trop souvent sacrifié les
produits agricoles aux produits industriels sans aucune réciprocité
effective, et les tarifs de pénétration ont eu pour effet d'amener presque sans frais, sur le marché intérieur, des produits agricoles étrangers contre lesquels la concurrence n'était pas possible, étant donné
la différence des charges respectives des producteurs en présence.
Nous vous invitons à demander que ces traités ne soient pas renouvelés, que les tarifs des chemins de fer soient révisés, et qu'ils ne
soient plus homologués sans l'avis préalable des représentants officiels
de l'agriculture.

La concurrence étrangère serait moins redoutable si les charges
des producteurs français étaient moins lourdes. Mais vous avez vu,
Messieurs, dans la première partie de ce travail, combien les impôts
pesaient sur l'agriculture de tout leur poids et avec une pression
inégale, alors que la propriété mobilière était à peine frappée. Nous
avons le droit de demander l'égalité de traitement, l'équivalence des
charges pour toute espèce de propriété mobilière ou immobilière,
urbaine ou rurale; il faut que la justice soit appliquée et que toutes
les rigueurs des tarifs et du fisc cessent d'être réservées aux immeubles ruraux. Impôt sur les fonctionnaires et sur la rente, péréquation

(1) *Doc. parlem.*, p. 971.

de l'impôt foncier : tels seraient quelques-uns des nombreux moyens à employer pour revenir à l'égalité proportionnelle, qui n'est plus qu'un vain mot.

Au nombre des tarifs véritablement insupportables et écrasants, ceux des droits de mutation occupent la première place. Vendez une créance, vous paierez 1 fr. 25 pour cent, si vous présentez l'acte à l'enregistrement ; vendez un immeuble, le fisc vous réclamera 6 fr. 875 pour cent, avec double et triple droit si vous n'enregistrez pas dans les trois mois. Les mutations par décès peuvent atteindre le chiffre de 11 fr. 25 pour cent, et, comme il n'est fait aucune déduction des dettes, il peut arriver que le même immeuble supporte le double, c'est-à-dire 22 fr. 50 pour cent. Votre troisième Chambre a été unanime à réclamer, tant la diminution de ces droits énormes qui ressemblent fort à une confiscation, que la déduction des dettes ayant date certaine de l'actif des successions, et l'exemption de tous droits pour les successions en ligne directe, conformément à la législation qui a précédé celle de 1790.

Un grand nombre des mesures précédentes aurait sans doute pour résultat de combattre l'absentéisme et la désertion des campagnes ; un changement de vues et de direction dans les lois d'enseignement contribuerait à détruire le même mal. Au lieu d'orienter toutes les aspirations des enfants de la campagne vers les carrières libérales, il serait beaucoup plus utile de développer chez eux le goût des occupations agricoles. Les meilleures leçons de choses ne seraient-elles pas celles qu'ils apprendraient dans l'exercice de travaux conformes à leur âge ? Et si on pouvait réunir en préceptes les pratiques agricoles les plus incontestables de chaque région, pense-t-on que la contrainte serait utile pour assurer la fréquentation de l'école ? Il est vrai qu'il faudrait alors restituer aux autorités locales et aux pères de famille l'action qui leur appartient de droit sur le personnel et la direction de l'enseignement ; ce ne serait là qu'une nouvelle mesure de décentralisation et de justice.

Mais il ne suffit pas d'ouvrir des écoles, même de celles où l'on n'enseignerait que la morale la plus sévère et le respect de toutes les autorités, si la multiplicité des cabarets, des débits de boissons, des établissements immoraux, viennent ajouter leurs excitations malsaines à un colportage et à une publicité qui n'a plus aucune réserve ni aucune pudeur. Plusieurs d'entre vous ont signalé et flétri ces causes de corruption et de dissipation. Une plus grande surveillance de la part de l'autorité locale, des impôts sur ces établissements, telle serait l'action propre aux pouvoirs publics. Et si le père de famille pouvait voir son autorité restaurée, s'il pouvait l'exercer avec fermeté, ne serait-il pas le plus intéressé, le plus vigilant et le plus affectueux de tous les surveillants ?

Comme cause impulsive des excitations mauvaises, plusieurs d'entre vous ont signalé la multiplicité excessive des foires. Il est certain que leur nombre illimité et sans cesse accru, nuit au commerce par la dispersion des marchandises et des produits sur des marchés trop multipliés ; il est certain qu'elles fournissent trop souvent des occasions de dissipations en tout genre. Il appartiendra surtout aux

9.

chambres d'agriculture de proposer les suppressions nécessaires et de parvenir ainsi à une juste mesure.

Aux vœux de l'avant-projet examinés jusqu'ici, votre troisième Chambre en a ajouté quelques autres. Elle a été heureuse de s'approprier le vœu déjà présenté par M. de Scorbiac au Conseil général de Tarn-et-Garonne et déjà adopté par ce Conseil; ce vœu coïncidait avec une proposition déposée par le docteur Autefage. Elle a jugé que des pensées aussi généreuses et aussi justes ne pouvaient manquer de recevoir votre approbation.

Une autre question particulière à la contrée a arrêté l'attention de votre troisième Chambre; il s'agit de la culture du tabac. Cette culture donne lieu depuis longtemps à des plaintes nombreuses, à des discussions passionnées et, il faut bien le dire, à des injustices flagrantes. Le tabac est à la fois un moyen d'amélioration des terres et un produit rémunérateur. Mais les permis de culture et l'estimation des tabacs sont soumis à un arbitraire absolu et sans mesure. Un vœu sur ce point vous sera présenté tout à l'heure.

Enfin, Messieurs, votre troisième Chambre, frappée de la proportion dans laquelle les populations rurales sont atteintes par l'impôt du sang, demande une dispense de service militaire, qui s'appliquera d'ailleurs aux villes comme aux campagnes, mais qui profitera d'autant plus à celles-ci qu'elles sont plus frappées. Afin de ne pas désorganiser l'exploitation rurale et comme compensation des charges des familles nombreuses, elle demande que, dans ces familles, la dispense d'activité de service en temps de paix s'applique de plein droit à un enfant sur quatre.

Deux autres vœux vous seront également soumis : l'un d'eux est relatif à la mendicité dans les campagnes, l'autre aux oiseaux utiles à l'agriculture; leur simple énoncé les motivera suffisamment.

Vous venez d'entendre, Messieurs, l'exposé de nos revendications et de nos vœux que le Rapporteur de votre troisième Chambre a essayé de justifier aussi brièvement qu'il a pu. Ces vœux ont tous pour point de départ le dévouement le plus sincère aux populations qui nous environnent, pour moyen la justice et l'équité, pour but le développement de l'agriculture et le bonheur des classes rurales. Si vous voulez bien les adopter, nous sommes convaincus que vous aurez semé sur la belle terre de France, le germe de sa force et de sa résurrection. (Applaudissements.)

1. — Que l'agriculture ait une place distincte dans la représentation nationale, départementale ou provinciale, et que, dans ce but, des chambres d'agriculture élues soient constituées le plus tôt possible.

2. — Que les libertés communales soient étendues et l'adjonction des plus imposés auprès des Conseils municipaux soit rétablie pour le vote des impôts nouveaux et des emprunts.

3. — Que la législation civile, restrictive de la liberté pour la composition des lots en matière de partage, soit réformée.

4. — Que le domaine rural puisse être pour partie déclaré insaisissable.

5. — Que la loi favorise, par des dispositions spéciales, la cons-

titution et la conservation des petits domaines ruraux de terres agglomérées ;

Notamment, qu'en présence du courant d'émigration à l'étranger, par suite des malheurs de l'agriculture, et en présence des terres considérables expropriées, tant en France qu'en Algérie, et tombées entre les mains des sociétés financières, terres qui sous cette direction restent presque toujours improductives de revenus et conséquemment sont invendables, l'État s'entende avec ces grandes sociétés pour un lotissement avec constructions et aménagements favorables au repeuplement des campagnes ; que ces lots, avec quelques avances en nature, puissent être cédés à des familles de cultivateurs laborieux, qui, sous forme de fermages annuels, se libéreraient par annuités, soit en argent, soit au besoin en nature, du capital et des intérêts représentés par leur domaine.

6. — Qu'une disposition de loi mette fin à la spéculation à terme sur tous les produits agricoles de première nécessité et que, pour commencer, l'art. 419 du Code pénal soit rigoureusement appliqué.

7. — Que les traités de commerce ne soient pas renouvelés, en ce qui concerne les produits agricoles, et que les tarifs de chemins de fer soient revisés de manière à protéger l'agriculture française contre la concurrence étrangère.

8. — Que l'impôt soit établi sur des bases plus équitables et ne pèse pas presque exclusivement sur l'agriculture ; que, dans ce but, la partie de l'impôt foncier perçue au profit de l'État sur la propriété immobilière soit supprimée progressivement au moyen des recettes devant résulter des nouvelles taxes mobilières et des droits de douane ; de manière à rétablir autant que possible l'égalité d'impôts entre la propriété immobilière et la propriété mobilière.

9. — Que les droits de mutation par décès soient supprimés en ligne directe, que la taxe des droits de mutation soit réduite dans les autres cas, et que les dettes ayant date certaine soient déduites de l'actif des successions pour la perception des droits.

10. — Que l'absentéisme et la désertion des campagnes soient combattus par une bonne législation, notamment par la réforme des lois d'enseignement.

11. — Que les pouvoirs publics répriment les excitations mauvaises qui se produisent par tous les moyens de publicité ; et qu'ils réduisent autant que possible le nombre des cabarets et des établissements immoraux.

12. — Que le gouvernement n'achète à l'étranger que les qualités et quantités de tabacs indispensables ; que la répartition des permis de culture soit faite par un corps électif de planteurs ; et que les experts soient également nommés par le suffrage des planteurs.

13. — Que le plus âgé des quatre enfants appartenant à une même famille soit dispensé du service actif en temps de paix ; et que cette dispense soit répétée s'il y a quatre enfants de plus, et ainsi de suite.

14. — Que l'entrée en France des tribus nomades soit réglementée de manière à prévenir leurs déprédations, ainsi que toute atteinte à la sécurité nationale par suite d'espionnage ; que les autres règle-

ments sur le vagabondage et la mendicité soient exactement appliqués.

15. — Qu'un simple arrêté préfectoral ne puisse autoriser, sous aucun prétexte, la destruction des oiseaux utiles à l'agriculture.

M. le Président félicite vivement M. Vigouroux de ce travail auquel l'Assemblée témoigne à plusieurs reprises son entière et chaleureuse approbation.

Du reste, le rapport exprime si complètement les doléances et les besoins des classes agricoles, et répond si exactement aux vues de l'Assemblée que tous les vœux qui en sont la conclusion sont adoptés par acclamation.

MM. de Rivoyre et Jean de Boysson déposent une proposition tendant à l'adoption d'un vœu relatif à l'émigration.

Il est malheureusement trop facile de constater, disent-ils, que sur beaucoup de points de la France, les agriculteurs ne peuvent plus vivre sur leur domaine et sont obligés de s'expatrier. Ce qui aggrave encore le mal, c'est que ces émigrants, au lieu de se diriger vers nos colonies africaines, l'Algérie et la Tunisie, se dirigent vers les pays étrangers et spécialement vers l'Amérique du Sud, où ils espèrent trouver pour leur nouvel établissement des conditions plus favorables que dans nos propres colonies. Il importerait que le gouvernement pût les mesures nécessaires pour les détourner de cette voie, et les diriger au contraire vers nos colonies, où leur travail ne serait pas perdu pour la France.

Ils proposent, en conséquence, une formule de vœu qui n'est pas acceptée comme impliquant la possibilité pour le gouvernement d'employer des mesures autres que de simples mesures d'encouragement.

M. d'Welles propose et l'Assemblée adopte la rédaction suivante :

16. — Que l'État prenne des mesures pour encourager les émigrants à se diriger de préférence vers les colonies françaises.

La séance est levée à onze heures un quart.

CINQUIÈME RÉUNION PLÉNIÈRE

SÉANCE DE CLOTURE

La séance est ouverte à une heure et demie, sous la présidence de M. le vicomte d'ARMAGNAC, assisté du R. P. de PASCAL, vice-président.

La parole est donnée à M. d'WELLES, pour lire le rapport de M. FORESTIÉ, imprimeur à Montauban, au nom de la quatrième Chambre :

Intérêts industriels et commerciaux.

MESSIEURS,

Chargé par la Commission d'organisation de vous présenter un rapport sur les opérations de la quatrième Chambre, — celle de l'Industrie et du Commerce, — vous me permettrez de vous dire un mot de ce qui se passait il y a un siècle dans notre province au point de vue industriel. Aussi bien, ces quelques observations rentrent absolument dans notre cadre et comportent, à mon avis, un profond enseignement.

Au commencement du dix-huitième siècle, les manufactures de draperie de Montauban étaient dans un état de prospérité inouïe.

En 1712, le registre d'inscription des facturiers porte à deux cent cinquante le nombre de ces industriels.

A ce moment, toute une population de 12 à 15,000 ouvriers : peigneurs, laveurs, apprêteurs, foulonneurs, tondeurs, teinturiers, animaient nos ateliers, tandis que leurs femmes gagnaient leur vie à trier et à filer la laine destinée à cette fabrication.

Les rapports officiels constatent combien l'industrie florissait sous l'égide des lois et surtout d'une réglementation sévère qui avait pour but de maintenir la supériorité traditionnelle des draperies montalbanaises.

Pendant trois quarts de siècle cette prospérité se maintint, mais le vent de réforme, qui avait été déchaîné par les encyclopédistes et les économistes, vint tout à coup arrêter cet essor, et, au nom de la liberté, porter un coup fatal à cette branche si importante de commerce qui faisait la fortune d'un pays et assurait du travail à la classe laborieuse.

Le Roi Louis XVI rendit en mai 1779 une ordonnance qui permettait aux fabricants de s'affranchir de la marque, c'est-à-dire du contrôle des gardes jurés, et les laissait libres de fabriquer à leur guise.

Tous les fabricants s'empressèrent d'approuver l'édit, on bénit le Roi de cette mesure, excellente en principe, mais dont les résultats imprévus devaient être déplorables.

Deux ans après, en effet, Necker lui-même, dans son célèbre *Compte-Rendu*, s'écriait : « anéantir absolument et par une loi positive toute espèce de règlements, de marques et d'examen, c'était ôter aux consommateurs étrangers et nationaux la base de leur confiance. »

Necker voyait l'écueil et il essaya d'enrayer le mouvement au moyen d'une multiplicité de prescriptions et de règlements. Mais les idées nouvelles faisaient rapidement leur chemin : les vieilles traditions d'honneur et de probité commerciale se perdaient ; aussi, profitant de la bonne réputation de la marque de notre ville, quelques industriels s'affranchirent et fabriquèrent des qualités secondaires qui déconsidérèrent le nom de la fabrique montalbanaise. Cette tendance à la fraude s'accentua surtout pendant les premières années de de la Révolution et amena la ruine.

En 1790, un appel fait en faveur d'un établissement destiné à soulager les misères du peuple déclare que « la destruction de l'ancien gouvernement et la reconstruction pénible et lente d'un nouvel édifice politique ont livré le commerce à la stagnation et à l'inertie, dépouillé un grand nombre de citoyens de leur état et de leur fortune, et répandu dans toutes les âmes le poison de la défiance et de la terreur. Par une suite de ces fléaux qu'aigrit et qu'envenime le prix excessif des denrées de première nécessité, occasionné par la stérilité de la terre, qui, depuis plusieurs années semble resserrer son sein, l'activité des ateliers est suspendue, les artisans de toute espèce sont sans travail et la classe nombreuse des manœuvres est oppressée par toutes les angoisses de la misère et du désespoir. »

Peut-on trouver un tableau plus navrant de la détresse de l'industrie au début même de la Révolution et le rapprochement entre cette époque et la nôtre peut-il être plus frappant ?

La liberté illimitée du commerce, une concurrence effrénée cherchant à produire bon marché sans souci de la qualité, n'ont-elles pas amené comme en 1789 la ruine complète de nos industries ? et la misère n'est-elle pas aussi générale dans la classe laborieuse ?

Veut-on encore quelques autres documents originaux ?

En l'an VI, un mémoire adressé à l'administration centrale du Lot par une Société Montalbanaise fait le tableau de l'industrie et du commerce et commence ainsi :

« Avant la Révolution, le commerce de Montauban était dans un « état très florissant : il s'accroissait même chaque jour. Soixante « manufactures de draperies (1) produisaient de 12 à 14,000 pièces

(1) Nous avons vu qu'il y en avait 250 ; l'auteur du mémoire veut probablement parler seulement des grands manufacturiers.

« d'étoffe, valant 2 millions et demi environ (soit cinq millions au
« moins d'aujourd'hui), cette fabrication laissait tous les ans un
« million dans la population ouvrière. »

Après avoir énuméré les causes de la ruine de l'industrie : les
révolutions, les guerres, les rigueurs de la température, la cherté de la
main-d'œuvre et sa rareté, le maximum, les réquisitions, le papier-
monnaie, la suppression du commerce avec l'étranger, le rapporteur
émet plusieurs vœux :

1º La paix générale à l'intérieur et à l'extérieur, pour permettre à
tous les citoyens de tourner leurs vues du côté du commerce ou
de l'agriculture, parce qu'ils n'auront plus la perspective de ces
professions plus brillantes qu'honorables qui flattent l'ambition et
la vanité ;

2º Etablissement d'une banque privée protégée par le gouvernement ;

3º Préférence donnée aux produits nationaux sur ceux de l'étranger
(dans les marchés de l'Etat) ;

4º Perfectionnement des machines ;

5º Amélioration des voies de transport.

Quelques années après, un autre document disait, après avoir déploré
la ruine de l'industrie montalbanaise consommée par la Révolution :

« Il y a donc des raisons qui militent en faveur des règlements qui
« assujettissaient les fabricants à des vérifications pour les marchan-
« dises qu'ils voulaient revêtir des caractères qui distinguaient les
« étoffes connues généralement, et dans lesquelles le consommateur
« devrait retrouver les qualités qu'une longue réputation leur
« avait acquise..... »

Et plus loin il ajoutait :

« Mais le plus grand moyen d'encouragement qu'on puisse imaginer
« serait de *rétablir la confiance* qui ferait rouvrir le crédit. Alors
« seulement l'industrie se réveillera et la concurrence une fois rétablie,
« chacun sera obligé de s'efforcer à bien faire, s'il veut travailler
« avec succès.

« Ce qui fait surtout prospérer l'industrie, c'est la paix, la tranquil-
« lité, la confiance, la liberté et la garantie des transactions : sans
« ces grands moyens, les seuls vraiment efficaces, le commerce n'est
« qu'un agiotage et un monopole dangereux. La véritable industrie
« se change en une agitation qui se termine par un brigandage
« détestable, chacun cherche non à gagner, mais à surprendre. La
« méfiance devient générale et l'homme honnête, ne pouvant plus y
« tenir sans compromettre son honneur, se retire paisiblement et
« laisse le champ libre aux monopoleurs, aux agioteurs et à tous les
« vampires qui désolent la société. »

Eh bien, Messieurs, ce tableau est-il assez complet ?

En rappelant les faits qui précèdent, je n'ai pas voulu seulement
donner un aperçu de l'état du commerce et de l'industrie avant et
après 1789 ; mais vous faire connaître les vœux formulés par le
commerce et l'industrie quelques années après la Révolution.

Ces vœux, nous pourrons tout à l'heure en reproduire la substance,
car ils s'appliquent parfaitement à la situation actuelle.

Industrie.

Au moment où vient de s'ouvrir l'Exposition universelle, où la tour Eiffel s'élève au Champ-de-Mars, on ne peut que constater avec orgueil que le génie de l'homme a dompté la matière et que celle-ci, sous l'effort d'une volonté intelligente et d'une science très avancée, se plie à tous les caprices.

Certes, c'est là pour notre orgueil national une satisfaction précieuse. Ces voûtes immenses où le fer a remplacé la pierre et qui couvrent de leurs dômes les machines les plus perfectionnées sont une preuve éclatante du progrès accompli dans la mécanique.

Désormais, la machine a remplacé l'adresse de l'ouvrier, le coup de main, l'habileté professionnelle. Il est possible et fort probable même que l'objet fabriqué y perdra en originalité, en durée et en élégance, car la machine n'a qu'un moule et des pointures, mais qu'importe ? la production est centuplée.

C'est encore un progrès.

Ce progrès-là, non plus, nous n'avons pas à le nier et nous le proclamons bien haut, car il prouve encore la puissance du génie que Dieu a départi à l'homme. Mais il faut regarder au fond des choses et voir si dans ce progrès, brillante médaille aux reflets dorés, il n'y a pas un revers.

Lorsqu'il y a cent ans nos fabricants montalbanais étaient en pleine prospérité, ils occupaient, comme nous l'avons dit, douze à quinze mille ouvriers dont la plupart, chacun chez eux, filaient la laine, tissaient le drap et l'apportaient dans les fabriques, où une population nombreuse apprêtait les étoffes.

Toute cette population ouvrière trouvait sa subsistance dans le salaire gagné, les tisserands avaient dans leur petite industrie un moyen de procurer à leur famille, pendant la saison rigoureuse, un peu de bien-être, et les fileuses économisaient pour l'avenir le fruit de leurs longues veillées au coin de l'âtre.

Aujourd'hui, à Montauban, deux filatures font le travail de deux mille fileuses; des tondeuses mécaniques et autres machines desservies par une vingtaine de personnes ont supprimé tondeurs, cardeurs et apprêteurs. De telle sorte que, pour fabriquer la même quantité d'étoffes, le nombre des ouvriers est réduit dans la proportion de 80 à 90 pour cent.

Voilà les faits. Nous constatons.

Si encore ce système avait refoulé vers les campagnes les travailleurs, il n'y aurait eu que moitié mal; mais jamais, au contraire, la séduction de la ville n'avait davantage attiré les paysans.

Donc, il s'est produit dans l'industrie une révolution. La machine a d'abord remplacé l'ouvrier chez le petit industriel, et maintenant c'est la grande usine qui tue la petite industrie.

Voyez ce qui se passe dans nos petites villes du Quercy : à Cahors, à Montauban, plus de fabriques, plus d'usines, plus d'ateliers. Quel est celui d'entre nous qui peut citer autour de lui une industrie prospère ? Les menuisiers ont à lutter contre la Norwège, qui envoie les portes et les fenêtres prêtes à poser au prix du bois brut ; les cordonniers ne peuvent lutter contre Limoges et autres grands centres ; les tanneurs contre Château-Renault ; la fonte ouvrée arrivant de la grande usine a remplacé le fer forgé ; la confection a tué le tailleur, etc., etc.

Il ne reste plus au patron de province que les réparations. Il est vrai qu'elles sont nombreuses, car si l'usine fabrique vite, ses produits sont loin d'être parfaits et le bon marché n'est souvent qu'un leurre.

Si nous examinons maintenant le côté moral de la question industrielle, nous aurons à constater qu'elle donne lieu aussi à de graves doléances :

Autant le petit atelier de province où le patron et le travailleur sont constamment en contact nous offre encore quelques exemples d'une certaine confraternité par l'échange continuel des idées, le rapprochement de sentiments, autant l'usine moderne, la grande usine, avec ses rouages multiples, sa hiérarchie, ses divisions et la spécialisation du travail, amène la lutte et la haine entre le patron et l'ouvrier.

Celui-ci qui ne voit jamais le chef d'industrie, ou plutôt les commanditaires de l'entreprise, qui est traité par les contre-maîtres et directeurs comme une machine devant produire une somme de travail fixée d'avance, et pour la moindre négligence, se voit privé d'une partie de son salaire, ne peut que laisser germer dans son cœur des idées de défiance et de jalousie.

Aussi la presse socialiste a-t-elle beau jeu de verser dans ces cerveaux échauffés, dans ces âmes aigries, tous les poisons de ses théories révolutionnaires.

Depuis trente-cinq ans, d'ailleurs, on a fait du socialisme d'État ; on a voulu affirmer le droit au travail, on n'a abouti qu'à leurrer l'ouvrier et lui tourner la tête ; comme il est le nombre, on a voulu le gagner, il s'est laissé prendre à la glu des promesses d'un parti et a ainsi assuré sa victoire politique. Que lui a-t-on donné en échange? Rien. Mais on l'a corrompu et démoralisé.

On a vu alors de tous côtés se fonder des Chambres syndicales, des coalitions d'ouvriers qui, sous la protection, avec le concours moral des pouvoirs publics, ont rendu l'industrie difficile, sinon impossible. Et hier encore, la Chambre a mis le comble à ses fautes économiques et sociales en votant une loi punissant le patron coupable d'avoir renvoyé un ouvrier comme faisant partie des syndicats.

Avec de pareilles théories et de semblables mesures, l'industrie finira par devenir impossible.

Voici un exemple des résultats produits par les syndicats ouvriers. Dans certaine industrie qu'il est inutile de désigner, puisque c'est à peu près de même dans toutes, les ouvriers se sont syndiqués et se sont affiliés à une société quelconque de la capitale qui rayonne sur la France entière. En entrant dans l'association, on gagne le droit au travail, aux secours de route, aux salaires en cas de chômage forcé, etc., etc. Jusque-là c'est fort beau, c'est une société de secours mutuels.

Seulement voici le revers de la médaille : le syndicat a établi le taux du salaire et une série de prix minima, au-dessous desquels l'adhérent ne peut accepter de travailler, quelles que soient sa force et son habileté ; aucun ouvrier, s'il ne fait partie du syndicat ou de la société centrale, ne peut être occupé dans l'atelier ; le nombre d'apprentis est fixé à un maximum, etc., etc.

Mais, direz-vous : Et le patron ?

Le patron, on s'en préoccupe bien ! C'est lui qui paie ; voilà tout.

Il lui est interdit de juger le mérite de ses ouvriers. Le mauvais comme le bon doivent être payés également ; il n'a pas le droit de baisser le taux de la journée, sous peine de grève ; il ne peut employer même en cas d'urgence un ouvrier non sociétaire, car les camarades lui rendraient la vie dure et l'obligeraient à déguerpir ; il ne peut occuper des femmes ; et s'il a le malheur de vouloir connaître la série de prix qu'on a établie sans le consulter, on la lui signifie et il doit s'y conformer.

Je passe bien des détails.

« Notre ennemi c'est notre maître », a dit le bon Lafontaine. Ce mot semble avoir été pris pour devise par le travailleur ; et les nouvelles couches y ajoutent celle-ci : Guerre au capital.

Dans ces conditions et en présence de cet antagonisme que les mauvaises doctrines et la passion politique ne font qu'accroître, quel est le remède ?

A notre avis, c'est la corporation librement formée dans laquelle le patron et l'ouvrier, côte à côte, la main dans la main, poursuivraient un but commun. C'est l'association du capital, de l'intelligence et du travail. C'est la lutte contre la concurrence étrangère. C'est en un mot la vraie fraternité avec sa réciprocité de services, de devoirs et de concours.

Les ouvriers cessant de voir un ennemi dans leur patron auraient une bien grande force pour arriver à la moralisation absolue de l'industrie. Car c'est eux qui devraient être les premiers à chasser de leur atelier les brebis galeuses. Je m'explique : avec leur système égalitaire, avec la division actuelle du travail, un manœuvre qui abat machinalement une très grosse besogne est payé autant qu'un ouvrier habile, intelligent, capable de parfaire un ouvrage de sa partie. Avec la corporation comme nous la comprenons, tout apprenti qui ne serait pas reconnu par ses pairs et le patron réunis digne de passer au rang d'ouvrier, ne pourrait faire partie de la corporation. C'est alors que devant les difficultés de la réception on verrait tous ces rouleurs de route, tous ces exploiteurs de secours disparaître au grand avantage de tout le monde.

Le syndicat serait alors en droit de fixer le taux du salaire puisque tous ses membres seraient également capables de le gagner, et d'autre part le patron aurait la certitude d'avoir de bons ouvriers. On verrait alors bientôt se relever nos industries locales.

En effet, Messieurs, dans nos petites villes, ce qu'il faut surtout, ce sont des ouvriers d'état, au courant de tous les détails de leur partie. Dans les grands ateliers, l'un fait les tenons, l'autre les mortaises, l'autre les assemblages et chacun ne fait que cela. En province l'ouvrier doit savoir faire tout ce qu'on lui commande; il a besoin plus qu'aucun autre d'avoir fait un apprentissage complet, car ainsi que nous le disions tout à l'heure, il est plus souvent appelé à réparer qu'à créer de toutes pièces.

Commerce.

Passant à un autre ordre d'idées au point de vue du commerce, nous signalerons une cause de décadence qui tend de plus en plus à se généraliser : la centralisation dans les grands établissements de diverses branches du négoce et l'éparpillement de la clientèle.

En ce qui concerne les commerces multiples, il y a certainement des mesures à prendre, car, sous le nom de bazars, on voit s'ouvrir des magasins où l'on vend toutes sortes d'objets. Dans une ville voisine, un industriel habile qui possède un bazar, solde chaque fois qu'il le peut un article chez un commerçant prêt à liquider, et pendant huit jours il fait ce que font les déballeurs : à grand coups de prospectus et de réclame il liquide avec 25 0/0 de rabais et 25 0/0 de bénéfice ce qu'il a eu à 50 0/0 de la valeur vraie.

Les commerces devraient donc être délimités comme c'était autrefois, sauf à payer plusieurs patentes entières sur le taux du loyer total. Et ce serait justice. Dans un magasin de 3,000 francs de loyer, fort beau, fort élégant, très bien placé, on vend, le lundi les gants, le mardi des souliers, le mercredi des chapeaux, le jeudi des conserves alimentaires, etc... Est-ce que chaque catégorie de ces marchandises ne profite pas de la situation et de l'installation générale du magasin?

Il y a d'ailleurs dans cet ordre d'idée des anomalies : un pharmacien ne peut donner sans ordonnance 5 grammes de tel médicament qui se vend chez l'épicier d'à côté au kilo et sans la moindre signature de médecin. D'un côté, liberté absolue, de l'autre, restrictions absurdes. Ce sont là les anomalies de notre droit commercial.

Il y a encore une autre cause de décadence pour le commerce et l'industrie, et ce n'est pas la moins importante.

Depuis vingt ans, depuis la guerre de 1870 surtout, la spéculation industrielle a pris un essor immense. Alléché par les marchés de la défense nationale, qui avaient créé en quelques mois des fortunes colossales, on s'est lancé à corps perdu dans l'agiotage non plus des fonds d'État et des valeurs de bourse, mais des produits de l'industrie.

Le krack des métaux et du Comptoir d'escompte est la dernière et la plus frappante application de ce système. La question est trop connue et la blessure trop fraîche pour qu'il soit utile d'insister. Mais pour nos pays agricoles et peu industriels, l'accaparement et la spéculation ont produit des résultats non moins terribles.

Nous devons parler aussi de ces déballages qui viennent périodiquement dans nos petites villes faire la rafle de toutes les économies et jeter le désarroi dans toutes les affaires.

Un déballage de chaussures arrive : Vite il affiche et étale de jolis brodequins à 6 et 8 francs. Vous vous laissez tenter : Au bout de trois jours, le déballeur est parti ; au bout de quatre, vos brodequins, confectionnés comme les souliers de nos mobiles, avec du carton, sont hors d'usage. Tant pis pour vous ; tant pis aussi pour le brave père de famille qui vous servait et auquel vous aurez le courage de faire ressemeler les brodequins qui vous reviendront ainsi à 15 francs, juste le prix auquel votre cordonnier vous aurait fait une excellente chaussure. Mais le public est si facile à séduire !

Nous avons vu qu'en l'an VI on réclamait le privilège pour l'industrie nationale des fournitures de l'Etat. C'est là un des points capitaux sur lesquels devrait porter toute la sollicitude de nos représentants.

Plusieurs administrations sont entrées dans cette voie, mais il en est d'autres qui ne veulent pas suivre cette impulsion.

Toutes les adjudications publiques devraient porter comme article premier : que seuls les commerçants patentés au moins depuis trois ou cinq ans dans la ville où s'effectuent les travaux pourront concourir à l'adjudication.

En second lieu, il ne leur serait permis d'employer que des matériaux ou des matières premières d'origine française.

C'est là un moyen efficace de relever notre industrie nationale, et si l'on veut encore augmenter les effets de cette mesure, il y aurait lieu de l'étendre et de décider que toutes les administrations publiques, dans une ville, devront s'approvisionner dans la ville elle-même, pour les objets nécessaires à leur fonctionnement. Ce mode de décentralisation amènerait des résultats importants, surtout s'il se généralisait.

En effet, les fonctionnaires qui devraient donner l'exemple, n'hésitent pas, lorsqu'ils ont un achat à faire, à s'adresser à ces grands docks de la capitale qui vendent de tout, depuis des chevaux jusqu'à une brosse à dents ; les prix-courants et les colis postaux font merveille, tandis que le pauvre commerçant de la ville, qui paie le fonctionnaire et sa patente, attend mélancoliquement les clients sur le pas de sa porte et répète l'antienne de la femme de Barbe-Bleue.

Certes, la liberté de chacun doit être respectée. Mais il y a des scandales véritables à faire cesser.

Cette observation s'applique d'ailleurs également aux négociants et aux propriétaires. Les uns, en se servant chez leurs compatriotes, pourraient espérer la réciproque ; les seconds y trouveraient un double avantage : le crédit, qui n'est pas aujourd'hui à dédaigner, et plus de garantie dans la qualité.

Traités de Commerce.

Nous avons aussi à nous occuper d'une question des plus graves pour l'avenir de notre industrie nationale.

Les traités de commerce avec l'étranger, consentis pour la plupart après nos désastres, ont livré notre industrie pieds et poings liés à leurs concurrents des pays voisins.

La liste des doléances sur ce point serait bien longue et ne ferait que rééditer les articles de journaux et de revues relativement à ces questions.

Les chinoiseries de nos tarifs sont dans toutes les mémoires et nous pourrions y ajouter certains faits personnels qui prouvent que malheureusement ceux qui font ces traités ne connaissent pas le premier mot de la question.

C'est pourquoi nous exprimons le vœu que, toutes les fois qu'il y aura lieu de renouveler un traité de commerce quelconque avec une nation étrangère, une vaste enquête, aussi large que possible, soit faite dans le pays afin de fournir aux représentants de la France les bases sûres de leurs revendications.

Les Chambres de commerce devraient, d'ailleurs, prendre l'initiative de cette enquête en provoquant autour d'elles les réponses de leurs électeurs au moyen de questionnaires dressés d'avance.

Il est certain, en effet, que les intéressés seuls, dans chaque branche d'industrie, peuvent indiquer exactement quelles sont les conditions à accepter ou à réclamer vis-à-vis de telle nation, eu égard à sa production et à ses besoins.

Dans ces conditions, nos intérêts seraient un peu mieux défendus et nous pourrions espérer voir se terminer cette guerre de tarifs qui se fait sur le dos de l'industrie française.

Avant de vous donner lecture des vœux de la quatrième Chambre, nous devons cependant appeler votre attention sur les deux questions — les seules peut-être — qui ont donné lieu, au sein de la Chambre, à de longues discussions.

La première question a trait à la réforme successorale. Cette réforme a paru toucher à une des bases primordiales de l'ordre social. Il est certain que le fait pour le père de famille d'être obligé de diviser à sa mort son héritage en parties égales entre ses enfants, est une base à laquelle il nous paraît difficile de porter atteinte, étant admis d'ailleurs que le père peut attribuer à l'un de ses enfants la quotité disponible. Toutefois, plusieurs membres ont fait observer avec juste raison qu'en ce qui concerne l'industrie et le commerce, la loi de partage leur porte une atteinte mortelle en défendant au père de laisser à celui qui doit continuer son œuvre une part plus grande qu'aux autres enfants.

Certes on ne peut nier qu'il n'y ait là une cause fatale de décadence et de mort dans la plupart des cas, et si nous voulons entrer dans le vif de la question, nous dirons avec bien des économistes que c'est là la cause prédominante de la décroissance de la population dans les pays riches. Chez le paysan qui, peu à peu, sou par sou, pièce à pièce, a constitué sa propriété, cette idée de la voir morcelée lui fait commettre des actes injustes, illégaux, dont les annales judiciaires enregistrent les conséquences. Chez celui qui a formé son domaine par héritage ou par la réunion à son lot de celui de sa femme, on peut être certain que le nombre des enfants sera restreint à un ou deux, de façon à conserver au moyen de la quotité disponible l'entier domaine, quitte à doter le second avec les économies.

Chez l'industriel la même préoccupation se retrouve, au moment où il s'agit du partage ; la question se pose inéluctable, il voit avec amertume son œuvre condamnée à la stérilité ou à la décadence.

Il est certain qu'il y a là une plaie à soigner ; nous voudrions que le père de famille pût faire lui-même l'attribution de l'industrie ou du commerce à l'un de ses enfants, en fixant les compensations que celui-ci aurait à payer à ses frères, conditions qui ne devraient point sensiblement s'éloigner du régime de la quotité disponible.

La seconde question relative aux grands magasins, aux déballages, à la loi des patentes, a une importance capitale pour le petit commerce local. La classification actuelle créée par la loi des patentes est surannée, et n'est plus en rapport avec l'état actuel du commerce et de l'industrie.

Ensuite, par le système que nous préconisons, on rétablit l'égalité de traitement. Exemple : Un épicier d'autrefois, à l'époque où le taux de la patente a été établi, se bornait à vendre de l'huile, du savon, de la chandelle, du sel, en un mot tout ce qui est compris dans le mot : épices.

Aujourd'hui, il n'y a pas un épicier qui n'ait joint à son commerce :

1° La confiserie ;
2° La mercerie ;
3° La grèneterie.

Et tant d'autres articles qui jurent avec le poivre et la mélasse.

Les bazars vendent de tout et ne paient qu'un seul droit.

Il est juste que chacun soit traité également dans un pays d'égalité. Les grands brasseurs d'affaires seront moins tentés d'accaparer le travail des petits s'ils ont à compter avec le fisc.

Et comme l'écrivait récemment un de nos confrères : « N'est-il pas légal que celui qui vise à décupler ses opérations en réunissant souvent les marchandises ou les industries les plus diverses, soit taxé pour chaque commerce, industrie ou profession qu'il exerce, conformément aux tableaux législatifs des classes de patente ? Si la tentative trompe l'espérance conçue, le commerçant se débarrassera l'année suivante des patentes devenues superflues. En attendant, il doit payer pour bénéficier des avantages d'une profession qui n'est pas sienne, la plupart du temps qu'il n'a pas apprise, pour laquelle il n'a sacrifié ni peine ni argent.

« Que celui qui se pare d'un titre, paie le droit de le porter et d'en bénéficier. »

Telles sont, Messieurs, les observations que j'avais à vous présenter. — Comme résumé, j'ai l'honneur au nom de la quatrième Chambre de vous demander d'adopter les vœux suivants :

1. — Que la législation favorise la stabilité de la famille et de l'industrie en réformant le régime successoral et en favorisant la transmission familiale des industries patrimoniales par la modification des articles 826 et 832 du Code civil et l'augmentation modérée de la quotité disponible.

2. — Que la législation favorise la constitution d'un foyer à la famille ouvrière par des dispositions qui le mettent à l'abri d'une licitation, d'une saisie jusqu'à concurrence d'une somme déterminée,

d'un partage entre mineurs, et protége les ouvriers en déclarant incessible et insaisissable une quotité déterminée de leur salaire.

‹ 3. — Que la législation intervienne pour réprimer les violations de la loi morale dans l'ordre économique :

a) En imposant l'obligation du repos du dimanche et des fêtes reconnues par l'Etat, sauf pour le commerce de l'alimentation ;

b) En réprimant la séduction ;

c) En réprimant le travail excessif des femmes et des enfants ;

d) En édictant les mesures nécessaires pour préserver les ouvriers des dangers des moteurs mécaniques et des substances chimiques toxiques.

4. — Que la France recouvre en 1892, par la dénonciation de tous les traités de commerce, sa liberté économique, et que les produits étrangers supportent à leur entrée en France des taxes équivalentes aux charges que supportent les produits nationaux.

5. — Que l'Etat réserve à l'industrie nationale tous les achats, tous les travaux payés par le trésor public.

6. — Que le gouvernement réduise les dépenses et pratique la politique des dégrèvements.

7. — Qu'une personnalité civile plus étendue soit reconnue par la loi aux syndicats professionnels mixtes, seul moyen de permettre aux artisans de se défendre contre la concurrence des monopoles créés par les sociétés anonymes.

8. — Que la même loi reconnaisse aux syndicats le droit de s'occuper, non seulement des intérêts professionnels et économiques de leurs membres, mais encore de leurs intérêts moraux, et qu'elle permette, avec les réserves qui seront jugées nécessaires, l'introduction dans les syndicats de membres honoraires étrangers à la profession.

9. — Qu'une législation sociale, fondée sur les principes de morale qui sont le fondement des sociétés, réprime les jeux de bourse, prohibe, dans la mesure du possible, les marchés à terme sur les valeurs fictives.

10. — Que la loi sur les sociétés commerciales et sur les sociétés anonymes en particulier soit réformée, édicte les mesures les plus rigoureuses pour empêcher les fraudes et prépare la suppression des titres au porteur.

11. — Que l'art. 419 du Code pénal soit mis en vigueur et soit au besoin complété par de nouvelles dispositions, s'il n'est pas suffisant.

12. — Que le cumul des différents commerces dans les mêmes mains cesse d'être favorisé par les lois et soit même entravé par des mesures fiscales.

13. — Que les tribunaux de commerce soient supprimés dans les villes d'une population au-dessous de 25,000 âmes.

14. — Que les déballeurs soient imposés à une patente supplémentaire en dehors de la patente normale qui les frappe.

Ma tâche sera terminée, Messieurs, quand je vous aurai demandé d'ajouter à ce dernier vœu, et pour le compléter, les vœux de détail suivants émis par le Congrès des Chambres syndicales au mois de novembre 1887 :

15. — Qu'il soit procédé à un remaniement complet de la classifi-

cation des différents commerces et industries pour établir une nouvelle répartition des classes de patentes ;

16. — Qu'il soit établi plusieurs catégories de patente pour les classes n'en ayant qu'une, étant entendu que le produit moyen nouveau équivaudra au produit moyen actuel ;

17. — Que l'écart entre le droit fixe qui frappe les industries et les commerces similaires, selon l'importance de la population des villes où ces commerces et ces industries s'exercent, soit diminué ;

18. — Que les représentants et voyageurs des maisons étrangères soient traités, au point de vue des impôts en général, aux mêmes taux que les représentants et les voyageurs français à l'étranger, lorsque ces taux sont supérieurs à ceux dont ils sont déjà frappés en France en vertu des lois existantes ;

19. — Que l'administration des contributions directes se montre plus sévère dans la recherche des personnes qui font acte de commerce et les impose à la patente de représentant ou de négociant, suivant les cas. (Applaudissements répétés.)

M. le Président se fait l'interprète de l'Assemblée en remerciant M. FORESTIÉ de son savant travail et met aux voix les vœux proposés.

Le premier vœu est adopté sans discussion.

Sur le deuxième vœu, M. Jean de BOYSSON demande à présenter une rédaction plus claire de la partie relative à la licitation et au partage entre mineurs, mais après un échange d'explications avec M. le Rapporteur, et d'accord avec lui, ces deux parties du deuxième vœu sont supprimées et l'article 2, ainsi modifié, est adopté dans la forme suivante :

2. — Que la législation favorise la constitution d'un foyer à la famille ouvrière par des dispositions qui le mettent à l'abri d'une saisie jusqu'à concurrence d'une somme déterminée, et protège les ouvriers en déclarant incessible et insaisissable une quotité déterminée de leur salaire.

Tous les autres vœux sont successivement adoptés sans discussion, jusqu'au quinzième exclusivement.

L'Assemblée, sur la proposition de M. le Président, prend en considération les vœux quinzième à dix-neuvième, mais, fidèle au principe qu'elle a toujours respecté, et les considérant comme des vœux en détail, elle décide simplement qu'ils seront annexés au procès-verbal.

M. Richard de BOYSSON, au nom de la deuxième Chambre, apporte la nouvelle rédaction adoptée pour le vœu relatif au service militaire et ainsi conçue :

Que l'on revienne, pour le temps de paix, au principe des dispenses écrites dans les lois précédentes et qu'il soit étudié un mode de remplacement militaire qui respecte la dignité humaine et sauvegarde les intérêts de l'avenir et des carrières.

Cette rédaction est adoptée.

Le vœu relatif à l'arbitrage du pape, que le R. P. de PASCAL s'était réservé de représenter à la séance de clôture est adopté à nouveau par acclamation.

L'ordre du jour appelle la nomination des délégués du Quercy à l'assemblée générale de Paris.

Sont nommés :

1° Délégué général de l'assemblée provinciale, M. le vicomte de GONTAUT-BIRON, ancien député, ancien ambassadeur, président d'honneur de l'assemblée.

2° Délégués spéciaux :

Sur la proposition de la première Chambre :

Le R. P. de PASCAL ;

M. Jean de SCORBIAC, conseiller général de Tarn-et-Garonne.

Sur la proposition de la deuxième Chambre :

MM. le vicomte d'ARMAGNAC, président de l'Assemblée ;

André de CHÉNEMOIREAU, ancien magistrat ;

LANDRE, avocat à Gourdon ;

De RIVOYRE, ancien sous-préfet ;

Richard de BOYSSON, ancien officier, ancien receveur des finances.

Sur la proposition de la troisième Chambre :

M. le marquis d'ESCAYRAC, conseiller général de Tarn-et-Garonne ;

MM. le baron de MAYNARD ;

Georges MARQUÈS.

Sur la proposition de la quatrième Chambre :

MM. CAPMAS, négociant ;

Edouard FORESTIÉ, imprimeur.

Les ordres du jour étant épuisés, M. le Président donne la parole au R. P. de PASCAL pour prononcer le discours de clôture.

Le R. P. de PASCAL prononce le discours suivant :

Mesdames, Messieurs,

Je salue cette assemblée, représentation vivante du Quercy. J'ai assisté à ses réunions, j'ai suivi avec un intérêt passionné ses délibérations ; j'y ai retrouvé les qualités de notre race : l'ardeur, la loyauté, la franchise...

Je suis heureux d'être venu ici, plus heureux d'avoir vu et entendu ce que j'ai vu et entendu. Il y a là un signe d'espérance, un symptôme de relèvement. Peut-on désespérer d'un pays lorsque des hommes comme vous, sur toute l'étendue de la France, au nord, au midi, à l'ouest, à l'est, hommes d'élite appartenant à toutes les classes, sans renier le passé, prennent hardiment possession de l'avenir, et veulent bâtir, en l'appuyant à la tombe des ancêtres et à la pierre de l'autel, un édifice qui abritera sous ses jeunes voûtes les enfants d'une même famille, les fils d'une même patrie ? (Applaudissements.)

Je remercie les amis qui se sont rappelés que je suis leur compatriote. Bien que les vicissitudes des temps aient fait de moi une sorte de nomade errant sous les cieux les plus divers, je n'ai pas oublié que je suis un enfant du pays. Ma famille, quoique appartenant, par ses origines, à un pays voisin, était depuis deux cents ans établie sur votre terre, et mes yeux d'enfant ont contemplé les bords gracieux de notre vive Dordogne.

Je les remercie..., mais je sens le poids de la tâche qui m'est imposée :

Le 5 mai 1889, un homme que le mouvement politique a porté provisoirement au sommet des choses, prononçait un discours à Versailles. Dans ce discours, je relève cette phrase : « Nos pères assumèrent la tâche héroïque de fonder un régime nouveau sur la raison et la justice. »

Est-ce là une *simple* formule, l'une de ces formules de convention qui, à certaines heures, tombent comme mécaniquement des bouches officielles, ou faut-il y voir l'expression méditée d'une pensée réfléchie ?

Mais j'ai l'habitude de traiter avec respect mes adversaires : je veux examiner sérieusement cette phrase, l'ouvrir devant vous, la discuter, en extraire ce qu'elle contient de vérité ou d'erreur.

Tout le monde, Messieurs, en 1789, demandait un régime nouveau. Tout le monde voulait qu'on réparât l'antique édifice dégradé, vermoulu en certains endroits.

Ouvrez les cahiers de nos pères du Quercy. Croyez-vous que c'était le Tiers-État seul qui demandait des réformes? La noblesse, le clergé demandait et largement la réforme... qui aurait fait l'économie d'une et de plusieurs révolutions.

Le clergé, la noblesse réclamaient l'égalité devant l'impôt.

Ils demandaient comme garantie contre le pouvoir absolu la périodicité des États-Généraux, la reconstitution autonome des États provinciaux. Ils voulaient que les finances fussent équitablement réglées et économiquement administrées; que la justice fût réformée dans le sens de l'indépendance plus complète... Ils ajoutaient une foule d'autres vœux, dont plusieurs seraient peut-être trouvés trop osés par les plus hardis réformateurs de nos jours. (Applaudissements.)

Mais ils demandaient en même temps que les bases de la société restassent inébranlables. Ils demandaient le maintien de la Monarchie héréditaire en cette Maison de France que ses adversaires eux-mêmes sont obligés de saluer avec respect, qui a fait la France pièce à pièce comme le laboureur fait son champ sillon par sillon. (Applaudissements.)

Ils demandaient que, tout en garantissant aux dissidents leur droit civil, la religion catholique, cette religion nationale, inspiratrice de nos institutions, gardât sa haute situation sociale.

On dit que nous sommes des réactionnaires, des hommes de l'ancien régime : ce n'est pas vrai; nous ne paradons pas dans l'armure de don Quichotte, mais nous voulons appliquer aux conditions modernes des sociétés les principes éternels du droit naturel et de la justice chrétienne. (Assentiments.)

Quoi! des hommes de l'ancien régime! Moi qui devrais en être au double titre de prêtre et de petit-fils d'un député électeur de l'ordre de la noblesse, je vous déclare que je n'ai nulle envie de revenir à ce temps.

L'ancien régime avait péché, failli : il a succombé sous le poids de ses fautes. Vous reprocherez ce que vous voudrez à ces vieux prêtres du clergé de France couronnés de dignité et de cheveux blancs, à ces gentilshommes trop souvent légers et frivoles, oui, vous leur reprocherez ce que vous voudrez, hormis de n'avoir pas su mourir. Et vous, vous ne saurez pas mourir, vous fuirez honteusement, chassés par la colère populaire, et, du pays où fleurit l'oranger, vous crierez au peuple que vous avez trompé et ruiné : « Peuple, tu es beau! Peuple, tu es grand! Peuple, je t'admire! » (Applaudissements.)

Non, nous ne sommes pas de l'ancien régime. Il ne ressuscitera pas : dormez en paix !

Mais, si je ne suis pas un homme de l'ancien régime, je ne suis pas un homme du régime présent.

Malgré ses fautes, ses revers, ses tristesses, l'ancien régime avait porté la France au plus haut point de sa grandeur, et moi, je vous demande ce que vous avez fait de la France. Croyez-le bien, si je salue avec admiration l'oriflamme de saint Louis, la bannière de Jeanne d'Arc, l'étendard d'Henri IV, le drapeau qui flotta à Denain et à Fontenoy, sur la flèche de la cathédrale de Strasbourg et sur les minarets d'Alger, je m'incline avec un respect ému devant le drapeau d'Austerlitz et de Sébastopol, et dans les plis duquel un héros, Courbet, a jeté, au milieu de nos récentes humiliations, le rayonnement d'une jeune et nouvelle gloire. (Applaudissements.) Ne me faites donc pas dire que je n'ai pas rendu justice aux hommes qui sont allés au pas de charge de Madrid à Moscou — nos pères y étaient — et ces hommes protesteraient avec indignation contre ceux qui prétendraient confisquer leur gloire au profit de je ne sais quel nouveau régime.

Vous n'avez bâti qu'une hutte, qu'une cabane, dont le toit menace ruine, dont les murs s'effondrent, et qui sera emportée demain par un dernier souffle de l'orage révolutionnaire.

Je suis l'homme du progrès, du régime de l'avenir; je crois que le pays garde dans son cœur le secret d'une impérissable vitalité. Quand on veut bâtir, il ne faut pas arracher les vieux fondements; nous, hommes de l'avenir, nous voulons construire d'après les règles éternelles de l'architecture sociale chrétienne, un édifice approprié aux besoins de notre époque. (Applaudissements.)

Ne dites pas que nous sommes des rêveurs, des esprits hantés d'espérances chimériques. Je vous répondrai par une sublime parole de Lacordaire. On lui disait : « Mais que voulez-vous faire? Vous avez contre vous des préjugés enracinés, l'opinion courante : vous échouerez. — Je ne sais qu'une chose, répondit-il, c'est que le soleil se lèvera demain sur ma tête et que la Providence sera levée avant lui ! »

Un régime nouveau, nous le voulons tous. Mais savez-vous pourquoi vous n'avez pas pu établir un régime solide?

Un homme expert en fait de révolutions — sa statue va bientôt souiller de sa présence une place de Paris — et qui, en posant sa main sur notre histoire, y a laissé la marque d'une large tache de sang, a dit : « Nous avons mis dessus ce qui était dessous. » Ce mot cynique de Danton est d'une vérité brutale et poignante. Et à regarder autour de nous, à voir que ce qui était *dessous* est toujours *dessus*, il paraît bien que la Révolution n'est pas finie; cependant, il faut qu'elle finisse ou la France finira. (Applaudissements.)

Hier encore, l'on écrivait, vous avez pu le lire : 93 a complété, sauvé, affermi 89. Ces petits terroristes, ces maigres successeurs de Danton, ont beau enfler la voix et se redresser dans leur taille, ils ne nous font pas peur (applaudissements), et je vous déclare qu'ils ne nous barreront pas le chemin. (Applaudissements.)

Vous ajoutez : « Un régime nouveau fondé sur la raison et sur la justice. » Ce sont là de beaux mots. Il y a dans les langues humaines une demi-douzaine de mots rayonnants de je ne sais quelle mystérieuse magie, qui séduit et qui fascine le peuple. Mais voyons la réalité.

Vous avez bâti votre régime sur la raison. Il y a la raison, expression du bon sens populaire et chrétien, la raison conforme à la vérité des faits, à la tradition et à l'expérience de l'histoire, et il y a la raison du rêveur qui regarde au dedans de soi-même et qui admire le produit de ses conceptions.

A quelle raison avez-vous fait appel? A la raison chrétienne, traditionnelle et française, ou à la raison des philosophes du dix-huitième siècle et en particulier à la raison de ce malfaiteur intellectuel, de cet empoisonneur des sociétés qui s'appelle Jean-Jacques Rousseau? Au lieu de lire et de comprendre cette grande leçon de choses, l'histoire, vous avez été demander à des sophistes, à des *abstracteurs de quintessences*, de *constituer* la France. Grand Dieu ! constituer la France ! Quoi donc? voici un peuple qui, depuis huit cents ans, à partir de Hugues Capet, a fait figure sur la scène du monde, un peuple qui avait eu cette rare fortune d'être gouverné par une race au génie laborieux et patient; un peuple d'où était sorti cette fleur superbe, saint Louis, et cette autre fleur idéale, Jeanne d'Arc; un peuple qui avait porté dans les plis de son drapeau le nom de son Dieu et dont l'épée avait fait luire maintes fois le jour de la justice... et, au bout de huit cents ans, vous venez de vos cabinets poudreux d'avocats, de procureurs, de gens d'affaires, et vous dites : « Ce peuple a un mauvais tempérament, un tempérament chlorotique et anémique ; et nous, qui avons lu Rousseau, Raynal, Voltaire, nous allons *constituer* ce peuple... » Vous êtes des insensés. (Applaudissements.)

Et vous avez inoculé à la France la maladie dont elle périt : la maladie *constituante* (Hilarité et applaudissements).

Ecrivez, écrivez, un soldat viendra demain, qui déchirera de son
épée le chiffon de papier sur lequel la plume des sophistes aura
griffonné je ne sais quoi d'emprunté au *Contrat social* (Applaudissements.)

Vous aviez un Dieu vivant dont vos pères chantaient : *Vivat Chris-
tus qui regnat super Francos* ; vous l'avez mis à la porte. Vous
aviez une vieille royauté qui avait fait la France, une vieille noblesse
qui, non contente de payer l'impôt du sang, voulait encore payer
l'impôt de l'argent ; vous aviez une vieille bourgeoisie aux fortes et
solides vertus : toutes ces institutions avaient besoin de réformes ;
vous n'avez pas réformé, vous avez renversé et décapité. Est-ce
là une œuvre bâtie sur la raison et sur la justice? (Applaudissements.)

Un homme que personne ne sera tenté de qualifier de réactionnaire
et de clérical, M. Taine, faisant son procès à la fameuse *déclaration
des droits de l'homme*, a dit que c'étaient autant de poignards tour-
nés contre la société et qu'il n'y avait qu'à pousser le manche pour
faire entrer la lame. La lame empoisonnée est entrée et elle est restée
dans la plaie. (Applaudissements.)

Vous appelez ces principes immortels, et, depuis cent ans, ils n'ont
pas pu donner vingt ans de vie aux différents régimes qui les ont
pris comme base de leur politique. Savez-vous pourquoi votre régime
est contraire à la raison? C'est parce que vous avez coupé en deux,
suivant le mot de Tocqueville, l'histoire du pays ; c'est parce que
vous avez déchaîné la pire des guerres civiles, la guerre du présent
contre le passé ; c'est parce que vous avez jeté au vent de l'oubli et
du mépris, et la cendre, et la mémoire, et les traditions des aïeux.
(Applaudissements répétés.)

Vous ajoutez que les héros de 89 fondèrent un régime nouveau sur
la justice. Examinons. Qu'est-ce que la justice? Rendre à chacun
son droit. Certainement, il y avait autrefois des injustices, il y en
avait beaucoup, et, tant que vous n'aurez pas réalisé la République
chimérique de Salente, il y aura des injustices. Mais, vous, avez-vous
établi votre régime sur la justice?

D'abord, il y a une haute personnalité qui ne compte pas à vos
yeux, quelqu'un qui n'est pas le premier venu et qui n'existe pas
socialement pour vous : Dieu ! Et cependant ce Dieu, dont la loi est
en tête de toutes les lois, dont l'autorité est le principe premier de
toute autorité, dont la Providence fonde et maintient l'ordre social,
est par vous privé de tout droit sur cette société dont il est l'auteur.
Bien plus, il est l'ennemi que, jusqu'à ce jour, vous avez poursuivi
avec acharnement, dans sa religion, dans ses prêtres, dans son
Eglise.

Je le sais. On parle de l'*égalité devant la loi*.

Qu'entendez-vous par là? Si vous voulez appliquer à des conditions
diverses et à des situations inégales une commune mesure, outre que
vous allez à l'encontre de la nature même des choses, vous faites
peser sur le pays la tyrannie la plus insupportable. J'ai cinq pied

quatre-vingt, vous avez cinq pieds quarante; vous voulez me forcer à chausser vos souliers, vous me mettez à la torture. (Hilarité et applaudissements.)

Il y a de l'égalité devant la loi une formule très claire : le respect égal des droits divers. Est-ce que le démocrate le plus déterminé admet que son fils ait les mêmes droits que lui? Oui, sans doute, comme homme, comme fils d'Adam, nous avons tous le droit de marcher librement vers notre fin; nous sommes tous des personnes que l'on ne peut transformer en choses et en instruments, et vous commettez une injustice toutes les fois que dans vos lois, dans vos institutions, vous oubliez que l'homme est un être vivant et intelligent qui peut lever sa tête librement sous le soleil de Dieu. (Applaudissements.)

Si nous allons au particulier, au relatif, il y a des droits différents nés de la différence des relations, mais également respectables, et, si jamais la justice pouvait avoir des préférences, elle les aurait pour les petits, pour les humbles, pour les abandonnés. (Applaudissements.)

Vous comprenez maintenant quelle équivoque se cache sous ces mots : l'égalité devant la loi.

Vous avez parlé de privilèges? Qu'est-ce qu'un privilège? sinon une loi spéciale faite pour une certaine catégorie de personnes vouées à une fonction sociale particulière. Le privilège existe en vue du bien général; lorsque ce but est perdu de vue, lorsque le privilège dégénère en jouissance égoïste, il succombe devant les protestations qu'il soulève. Vous dites que vous avez renversé les ordres privilégiés? Est-ce bien vrai? Est-ce que la ploutocratie financière, par exemple, juive et judaïsante, cette pire forme, car elle est la forme matérialiste, de la supériorité sociale, n'a pas remplacé les anciennes aristocraties? (Applaudissements.)

Est-ce que nous ne voyons pas ces privilégiés de nouvelle sorte parler haut devant la justice et faire capituler la conscience de nos Mathieu Molé et de nos d'Aguesseau? Croyez-vous, par exemple, qu'il y ait égalité entre cet enfant du peuple, victime des abus de pouvoir d'un tyranneau de village, d'un pacha de petite ville, et cet homme qui se targue de la protection d'un député de la majorité, c'est-à-dire d'un dieu ou demi-dieu?

La justice a pour but de faire l'ordre dans la société. Saint-Augustin a dit : « Que sont les royaumes (et aussi les républiques) sans la justice, sinon de vastes brigandages ? » La société n'existe que pour que l'ordre social soit établi, et cet ordre résulte du juste équilibre des parties qui composent la société. Cet ordre l'avez-vous réalisé ? Sans doute, il ne l'était pas pleinement autrefois, mais, au moins, l'on avait posé les principes de sa réalisation, tandis que vous avez posé des principes destructifs de tout ordre social.

Voilà trente-six millions d'hommes qui ne sont pas des Robinsons jetés sur une île déserte, mais qui ont un passé, une histoire, qui forment des groupes divers, et vous voulez passer sur eux un même niveau impitoyable. Vous n'avez pas compris que ces hommes ne sont pas de purs atomes se heurtant dans l'espace, mais qu'ils constituent des familles, des communes, des provinces, des nations, ayant des intérêts divers et communs, agricoles, industriels, communaux, provinciaux, nationaux. Vous n'avez pas compris qu'un peuple est un immense organisme corporatif, ou plutôt un ensemble d'organismes corporatifs qui doivent avoir chacun leur autonomie relative dans l'ensemble du tout social. Vous avez complètement perdu la notion, si jamais vous l'avez eue, du *corps social*.

Dans la société, vous n'avez vu qu'un amas de poussière humaine, saisie, modelée, coagulée, sous telle ou telle forme, par la main de fer d'un État omnipotent, César ou assemblée anonyme et irresponsable. En face du chétif atome humain vous avez placé une sorte d'être gigantesque, qui vous marie, vous élève, partage vos biens ; une espèce de pieuvre immense qui étend partout ses tentacules immenses, suçant, dévorant toute la substance de la nation. Au lieu d'un organisme, vous avez construit un mécanisme sujet à tous les accidents qui peuvent arriver parfois subitement aux machines les plus ingénieusement compliquées. Vous avez agi contre la nature et contre l'histoire : la nature et l'histoire méprisées se vengent, et comme le disait, il n'y a pas longtemps, un économiste qui, certes, n'est pas de l'ancien régime, M. Paul Leroy-Beaulieu, la France, depuis cent ans, est atteinte d'*ataxie locomotrice*. (Applaudissements.)

Ce régime, fondé sur la justice, a enrichi, d'après M. Carnot, nos agriculteurs, assis sur leurs propriétés, désormais inviolables, et nos industriels, nos ouvriers, délivrés des liens des jurandes et des corporations. Allez donc conter ces choses à nos laboureurs et à nos travailleurs. A coup sûr, le champ de nos campagnards n'est pas inviolable pour le fisc, pour l'usure, pour l'hypothèque ; et vous le savez comme moi, Messieurs, chaque jour, sous l'action de ces causes, nous voyons disparaître ces vieilles et nobles races de paysans qui étaient comme le fonds résistant de notre province et qui avaient fait la solidité, la gloire et la grandeur de la patrie. (Applaudissements.)

« L'industriel et le commerçant enrichissent la France depuis qu'ils sont délivrés des corporations et des jurandes. » Je voudrais bien que cela fût dit devant les industriels et les ouvriers. Je le déclare très hautement : au siècle dernier, le régime corporatif avait besoin d'une réforme complète.

Vous avez trouvé plus simple de tout détruire : c'est la méthode du sauvage. Vous avez proclamé la liberté du travail et la doctrine du laissez-faire, du laissez-passer. « Tirez-vous d'affaire comme vous pourrez ; chacun chez soi, chacun pour soi, avez-vous dit aux travailleurs ; dans la lutte pour la vie que chacun use de ses moyens de conquête et de défense. » Et il est arrivé ce qui devait fatalement arriver : l'écrasement des petits par les forts ; les loups ont mangé les moutons, en attendant que les loups s'entre-dévorent et qu'il ne reste plus rien que des squelettes et des ossements blanchis. (Applaudissements.)

Je m'arrête, Messieurs ; je serais infini si je voulais continuer l'examen de ce qui est renfermé dans cette simple phrase du président de la République.

Il y a quelques jours, je visitais la grande Exposition, et je m'arrêfais, plein d'admiration et songeur, devant ce magnifique palais des machines qui abrite les merveilles du travail humain.

J'admirais, moi chrétien, moi Français, car je voyais là la réalisation de la parole divine à l'homme : Domine la terre et assujettis-là. Je voyais tous les produits de l'intelligence, de l'habileté, du labeur patient, marqués du signe de la royauté de l'homme; mais, en même temps, j'étais songeur, car je me disais : « L'invention des machines, dans les vues de la Providence, aurait dû alléger le travail de l'homme et lui donner plus de loisirs pour les nobles soucis de l'esprit et de l'âme, et cependant ces machines n'ont épargné ni une goutte de sueur à son front, ni une larme à ses yeux. (Applaudissements.)

La faute n'en est ni aux machines ni à leurs glorieux inventeurs, elle en est à la férocité de l'égoïsme humain et à une mauvaise organisation sociale. Vous avez lâché sur la société les bêtes fauves de tous les appétits déréglés; voilà ce que vous appelez liberté et justice. (Applaudissements.)

Et puis je gravis la colline, j'entrai dans la basilique de Montmartre, je m'agenouillai sur le pavé foulé par les petits, les humbles, les ignorés. Je sortis sur la terrasse : je contemplai la grande cité plus agitée que l'Océan, et de son sein montait un bruit immense dans lequel il me semblait distinguer les plaintes, les accents brisés, les paroles de désespoir et de combat de ce peuple à qui vous aviez promis le pain et la justice, et à qui vous n'avez donné ni le pain ni la justice. Vous ne lui avez pas donné le pain, parce que vous avez nié la paternité universelle de Celui qui donne le pain quotidien, et, du même coup, vous avez tué la fraternité humaine et chrétienne. (Applaudissements.)

Vous n'avez pas donné la justice, car vous n'avez pas compris que la société est faite pour le bien commun et général, et qu'elle n'est pas une exploitation au profit de quelques-uns; vous avez pris pour devise le mot atroce du païen : *Paucis vivit humanum genus.* (Applaudissements.)

Et alors, je me disais : « Quand donc finira ce combat entre Celui qui est ici en haut et ces pauvres atomes humains qui sont en bas et qui ont besoin de consolation, de force, d'espérance, pour travailler, pour souffrir, pour vivre et pour mourir... pour vivre surtout? »

Quand donc cessera ce malentendu entre Celui qui jetait au monde cette parole sublime, toute trempée de ses tendresses et de ses miséricordes : *Misereor super turbam,* et ce pauvre peuple. (Applaudissements.)

Et je me rappelais qu'il y avait quelques jours, à la grande assemblée de Vienne, devant des princes, des évêques, des prêtres, un véritable ami du peuple, le docteur Lueger, faisant écho au cardinal Manning, s'écriait : « L'Église est assise non sur les sommets, mais au plus profond des masses populaires. » (Applaudissements.)

Je regardais, il y a peu de temps, un beau vitrail représentant Jésus-Christ dans la barque de Pierre, encourageant ses timidités et lui disant : « *Duc in altum!* Pousse au large! »

Il me semble, messieurs, qu'une voix descend d'en haut, qu'une voix monte d'en bas, qu'une voix jaillit de vos consciences, et elle vous crie : « *Duc in altum!* Poussez au large! » Au large, au milieu de l'océan populaire, là où la mer est plus grondante, où les flots sont plus agités.

On vous dit que vous êtes des rétrogrades. Poussez au large!

On vous dit que vous voulez revenir à l'ancien régime, que vous êtes les hommes du passé. Poussez au large!

Jetez vos filets au milieu de ce peuple soulevé par la vague révolutionnaire, dites-lui : « Je viens à toi, non pour me servir de toi, mais pour te servir; non pour t'exploiter, mais pour t'arracher aux charlatans qui te trompent et qui te ruinent. » (Applaudissements.)

Et, si l'on vous parle de patriotisme, vous pouvez dire : Nous sommes une petite province; cependant, notre histoire n'est pas la première venue. Lorsque la Gaule était courbée aux pieds de César, nous étions encore debout, et Uxellodunum fut le dernier rempart de l'indépendance celtique. Au temps des Anglais, une de nos petites villes, Saint-Céré, en 1281, se souleva, déclarant qu'elle voulait rester Française quand même. En 1361, après le traité de Brétigny, les consuls de Cahors ne voulurent remettre les clefs de la ville au lieutenant du roi d'Angleterre qu'après avoir fait enregistrer une protestation en forme par devant notaires. L'évêque, Bertrand de Cardaillac, s'exila de sa ville épiscopale pour ne pas se soumettre à l'étranger, et, en 1369, ce fut à la voix d'un enfant du pays, Geoffroy de Vayrols, que la province se souleva comme un seul homme contre les Anglais. (Applaudissements.)

Enfin, ils sont des nôtres, ils ont jailli de notre sol, ces vaillants, ces preux, les Murat, les Bessières et tant d'autres, dont la gloire est déjà entrée dans la légende, et qui ont fait luire sur tous les champs de bataille du monde l'éclair de leur épée. (Applaudissements.)

Messieurs, vous ne laisserez pas périr entre vos mains ce patrimoine d'honneur, vous le transmettrez intact et agrandi à vos descendants, et ceux qui viendront après vous, en passant devant vos tombes, diront : « Ils furent de la race de ceux qui, en des temps mauvais, ne désespérèrent pas de leur pays et qui travaillèrent à la délivrance, au relèvement et à la grandeur de la patrie! » (Bravos enthousiastes et acclamations répétées.)

À la suite de ce magnifique discours, et sur la proposition du P. de PASCAL lui-même, l'Assemblée décide de créer une *commission permanente* composée de son Bureau et des membres de la Commission d'organisation, avec mission de poursuivre le mouvement créé par l'Assemblée et de préparer de nouvelles réunions.

M. le Président prend ensuite la parole en ces termes :

MESSIEURS,

Nos travaux sont maintenant terminés; mais, avant de nous séparer, je veux remercier la commission d'organisation et en particulier son président, M. d'WELLES, qui a mis tant de zèle et de dévouement à préparer le succès de notre Assemblée régionale.

Je vous remercie aussi, vous tous, Messieurs, qui êtes venu nous apporter le concours de votre expérience.

Enfin, je vous adresse encore mes remerciements à vous, Mesdames, qui avez assisté si régulièrement et si assidûment à nos réunions, et qui vous êtes imposé peut-être un peu de contrainte et d'ennui pour écouter nos techniques et arides discussions.

Ne croyez pas cependant que vous n'ayez pas contribué d'une manière très efficace au succès de notre Assemblée.

Au moyen âge, les chevaliers, dans les tournois, montraient plus de courage et d'ardeur lorsqu'ils combattaient sous les yeux de leurs dames. Il en a été de même en cette circonstance, et votre présence a doublé le talent de nos orateurs.

Veuillez donc agréer l'expression de notre sincère gratitude.

Et maintenant, Messieurs, nous allons nous séparer, mais en emportant la certitude d'avoir fait un bon et utile travail pendant la durée de cette session.

Sans doute, nous n'avons pas la prétention d'avoir résolu tous les problèmes qui se posaient devant nous.

Notre ambition était, d'ailleurs, plus modeste.

Nous avions l'unique désir et nous l'avons, je crois, réalisé, de mettre en lumière certaines idées fécondes et de les jeter dans le courant de l'opinion publique comme le laboureur jette sa semence dans le sillon.

Cette semence germera, se développera, et bientôt, peut-être, portera d'heureux fruits.

Nous pouvons donc nous rendre le témoignage d'avoir contribué, dans la mesure de nos forces, au relèvement et à la régénération de la patrie. (Applaudissements répétés.)

L'Assemblée ayant terminé ses travaux, je déclare close la session de l'Assemblée provinciale du Quercy.

BANQUET

Le soir, à sept heures, un banquet réunissait à l'hôtel Tailhade de nombreux membres de l'Assemblée. Le dîner, pendant lequel n'a cessé de régner la plus franche cordialité, s'est terminé par de nombreux toasts, tous accueillis par d'unanimes applaudissements.

Le P. de PASCAL a porté un toast au Quercy, aux Quercynois, à la presse, représentée par MM. de LAFAURIE, du *Clairon du Lot*, et MERLE, du *Patriote de Tarn-et-Garonne*, à M. d'ARMAGNAC.

M. d'ARMAGNAC boit à la France, M. LANDRE porte la santé du P. de PASCAL, M. d'WELLES, qu'on vient d'acclamer enfant du Quercy, en récompense de son dévouement, boit à la jeunesse du Quercy qui saura conquérir nos libertés provinciales.

Le jeune M. de FOLMONT, promet d'être fidèle aux nobles traditions de sa famille en quelques mots dits avec autant de charme que de conviction.

M. de LAFAURIE porte un toast à la jeunesse monarchique, M. Et. DEPEYRE à la commission d'organisation, M. MERLE au gouvernement de demain, assez national pour réaliser le programme contenu dans les Cahiers de 1889.

DEUXIÈME CHAMBRE

ANNEXE A

ÉTUDE DE M. FAVAS
Sur l'organisation du suffrage.

MESSIEURS,

Permettez-moi de vous exposer quelles sont les considérations qui m'ont amené à venir vous proposer d'émettre un vœu tendant à modifier le suffrage universel actuel qui, exercé comme il l'est, ne représente pas tous les intérêts de la nation.

Et d'abord, qu'est-ce qu'une nation ? — Une réunion d'hommes habitant le même pays, parlant la même langue, ayant les mêmes mœurs, les mêmes habitudes, un tout collectif, enfin, celui d'une grande et même famille, rattachés par la culture du sol, la fortune publique, et tendant incessamment au progrès des sciences, des arts et du bien-être pour tous en général, et pour chaque membre ou individu en particulier.

Pour atteindre ce but il faut trois éléments principaux :

L'intelligence pour créer, la fortune pour fournir les moyens, le nombre pour réaliser.

La prospérité de la nation ne peut donc réellement exister qu'avec le concours de ces trois éléments : nombre, fortune, intelligence ou savoir.

Le nombre comprend les travailleurs de tout genre, qui, par leur dévouement, leur abnégation, concourent à la production nationale, à la défense, à la gloire de la patrie.

La fortune comprend tous ceux qui, par le commerce, l'industrie, produisent et augmentent les ressources de l'État, tous ceux qui, payant de forts impôts territoriaux et contribuant le plus aux charges du pays, ont, par conséquent, un intérêt capital à maintenir l'ordre, la confiance et la sécurité dans la commune société.

Le savoir comprend tous ceux qui, par leur intelligence, leur instruction, produisent les idées progressives, les améliorations nouvelles, instruisent la jeunesse sur la religion, les arts, les sciences, etc., etc., tous ceux enfin qui par leurs services, leur dévouement, ont mérité de la nation une récompense publique.

Il faut donc, je le répète, pour qu'une nation se maintienne, progresse, qu'elle soit constamment gouvernée, administrée, défendue par ces trois éléments :

NOMBRE, FORTUNE, SAVOIR.

Il faut que tous les pouvoirs publics : direction, défense, assemblées délibérantes, soient incessamment composés de ces trois éléments, si non, l'équilibre est rompu, ce n'est plus que mensonge, anarchie, injustice, banqueroute, ruine complète.

En effet :

Si le nombre est seul au pouvoir, il se passera du savoir, il usera sans discernement, sans limites de la fortune publique.

Si, au contraire, le riche seul est le maître, il pourra inconsciemment vouloir garder son argent et contribuer le moins possible aux dépenses que nécessitent toutes les améliorations.

Enfin, si c'est uniquement l'intelligence ou le savoir qui a le maniement des affaires, sans l'appui du nombre et de la fortune, ses idées demeurent stériles et ne produisent aucun résultat.

Il est donc incontestable que pour l'existence, le progrès, la prospérité d'une nation, il faut l'alliance intime, complète, constante de ces trois éléments :

NOMBRE, FORTUNE, SAVOIR.

En est-il ainsi pour la France ?

Bien certainement non. Le nombre seul domine partout. Dans nos assemblées communales, départementales ou nationales, le nombre seul est le maître.

C'est lui qui crée les impôts auxquels il participe peu ; c'est lui qui, sans discernement, sans limites, imagine de grands travaux bien souvent inutiles ou improductifs ; c'est encore lui qui, par des querelles intestines, suggère des difficultés qui diminuent la confiance à l'intérieur et notre influence à l'extérieur ; c'est enfin lui qui, par des détournements frauduleux dans nos finances, dilapide les ressources publiques et nous amène fatalement à la banqueroute.

Devons-nous rester impassibles devant un tel état de choses, et n'est-il pas de notre devoir de rechercher, de trouver et d'appliquer un remède au mal qui nous entraîne à la ruine ?

Le mal est certainement dans le système électoral actuel, parce qu'il ne représente pas les trois intérêts nationaux que nous venons d'expliquer :

NOMBRE, FORTUNE, SAVOIR.

Le remède est tout trouvé. Il faut modifier le suffrage actuel.

J'admets volontiers que dans une nation le peuple soit souverain. C'est un mot que l'on a répété bien souvent, quoique ce soit une formule dont on use et abuse à satiété. Mais le peuple, c'est la nation entière, le pauvre comme le riche, l'ignorant comme le savant.

On m'accordera, je pense, que cette souveraineté, si souveraineté il y a, ne peut pas s'exercer directement. Le peuple, en totalité, ne peut que déléguer son pouvoir à des représentants qui votent les budgets, font les lois, assurent leur exécution, et à ces lois le peuple, quoique souverain, doit respectueusement se soumettre.

Mais ce pouvoir de délégation ne sera la véritable expression du Pays que s'il est exercé dans les limites des éléments qui constituent véritablement la nation :

Le NOMBRE, la FORTUNE, le SAVOIR.

Alors, il ne sera plus un mensonge. C'est à cela qu'il faut arriver.

Tout citoyen doit être électeur : c'est vrai, c'est juste : mais celui qui, en outre de sa qualité de Français, possède la fortune, et qui, dès lors, contribue dans une plus grande proportion aux charges de l'Etat, représente un nouvel intérêt ; son vote doit avoir une valeur plus grande que celui émis par le simple citoyen.

Enfin, celui qui, par son savoir, son intelligence, s'est élevé au-dessus du commun et contribue exceptionnellement à l'illustration de la Patrie, l'académicien, le docteur, le général, l'auteur d'une œuvre de bienfaisance ou de travaux exceptionnels dans les arts, les sciences, ceux qui se livrent à l'instruction religieuse, laïque, etc., n'ont-ils pas aussi des droits supérieurs à ceux qui ne contribuent que par leur personne à l'individu?

Le suffrage universel, selon moi, ne sera une vérité que s'il est ainsi compris et exercé.

Mais, me dira-t-on, une semblable innovation est-elle pratique ?

Je n'hésite pas à répondre affirmativement, car pour cela il suffit que dans chaque commune la liste électorale contienne trois catégories d'électeurs.

Dans la 1re *(le nombre)* on fera figurer tous les citoyens ne payant que la simple cote personnelle.

Dans la 2e *(la fortune)* on comprendra tous les citoyens payant avec la cote personnelle un impôt mobilier, foncier ou tout autre s'élevant au-dessus d'un minimum à déterminer.

Dans la 3e enfin *(le savoir)* on classera tous ceux qui justifieront par diplôme, brevet, décret, etc., etc., qu'ils font partie d'un corps savant quelconque, d'une école spéciale, tous ceux qui se livrent à l'enseignement religieux ou laïque, tous les juges, les notaires, les avocats, etc., etc.

La liste électorale ainsi composée représentera, on ne pourra le nier, tous les éléments constitutifs d'une nation :

Le NOMBRE, la FORTUNE, le SAVOIR.

Au moment du vote chaque électeur déposera dans l'urne un, deux ou trois bulletins, suivant les conditions qu'il réunira et alors les candidats qui triompheront ne pourront être que la vraie représentation des éléments de la nation.

Devant un semblable résultat, les honnêtes gens de tous les partis, républicains, impérialistes ou royalistes, devront s'incliner, accepter sans murmurer les décisions de cette assemblée vraiment puissante et travailler, sans arrière-pensée, d'un commun accord, à la régénération de notre malheureuse patrie, aujourd'hui déchirée par l'anarchie, obérée par une dette énorme, épuisée par des impôts de toute nature et dont les lambeaux palpitants sont incessamment convoités.

Il faut donc que notre patriotisme se réveille et qu'il nous arrête sur la pente rapide qui nous entraîne vers le précipice, sans quoi le dernier d'entre nous, écrasé et sanglant, tombera sous les masses étrangères, en tirant sa dernière cartouche et en poussant son dernier cri : *Finis Galliæ* !

J'ai donc l'honneur de vous proposer d'émettre un vœu tendant à modifier le suffrage universel actuel, de manière à ce qu'il devienne l'expression vraie des éléments principaux qui constituent une nation :

Le NOMBRE, la FORTUNE, le SAVOIR.

Éléments qui contiennent et qui groupent tous les intérêts sociaux de la France :

Religion, éducation, arts, sciences, agriculture, finances, justice, armée, administration, industrie, commerce, assistance publique, etc., etc.

ANNEXE B

ÉTUDE DE M. DE RIVOYRE

ANCIEN SOUS-PRÉFET

Décentralisation et réorganisation administrative de la France.

La rapidité des communications actuelles a modifié d'une façon profonde l'économie sociale et politique de la France. Depuis un siècle, tout a marché, tout s'est transformé chez nous. Les mœurs, les relations, publiques ou privées, ont revêtu une physionomie nouvelle. Seul le mécanisme administratif s'est immobilisé, et ce qu'il était au lendemain de la révolution, il l'est encore.

Au bas de l'échelle, c'est toujours la commune, membre séparé de la grande famille française, douée de sa vie propre, de son foyer intime, chez qui palpite l'âme de la nation, qui garde le secret des douleurs, des joies, des gloires, des épreuves de la patrie !... puis, le canton, où se rencontre l'expression pratique de ses besoins, et des services publics ayant en vue d'y satisfaire : vicinalité, enregistrement, contributions directes et indirectes, etc., etc. Au-dessus, la sous-préfecture qui absorbe, transmet et entrave ; et enfin, le département et son chef-lieu d'où part l'impulsion, où résident l'inspiration et la haute surveillance.

Cette inflexible division de la France, dictée à la Constituante par le désir d'effacer l'exclusivisme de l'esprit provincial, et d'en fondre les éléments dans le vaste creuset d'un tout uniquement national, rendit, à l'origine, des services incontestables ; mais elle a, depuis, engendré un système de centralisation excessive, qui, suivant les mains auxquelles il passe, n'est plus guère, à présent, qu'un instrument de despotisme étroit ou d'agiotage électoral.

C'est par cette dernière préoccupation surtout que s'explique, dans notre organisation administrative, le maintien suranné de certains rouages, reconnus pourtant d'une inutilité coûteuse, quand elle n'est pas nuisible. Et en précisant tout de suite, à quoi bon les sous-Préfets, notamment, si ce n'est pour exercer une pression plus active sur les courants populaires, pour mieux les séduire ou les tromper, et en obtenir par là, souvent, des verdicts non moins contraires à leur penchant véritable qu'en désaccord avec leur intérêt bien compris ?

Aujourd'hui que le télégraphe et les chemins de fer, en annihilant les initiatives secondaires, ont pour ainsi dire forcé la porte de ces redoutables sanctuaires qui s'appellent les bureaux de la Préfecture, pourquoi cette étape préalable d'une sous-préfecture et de tous ses encombrements décoratifs, où s'accumulent les retards et les puérilités de l'arsenal bureaucratique ; où, la plupart du temps, nos communes l'éprouvent tous les jours, les besoins les plus pressants se heurtent à des lenteurs, à des formalités, dont, sous des étiquettes variées, l'échafaudage n'a guère d'autre but que d'en justifier l'importance ?

Ce n'est pas toutefois que du dernier degré il faille, sans transition et d'un bond, s'élancer au sommet. Individu dans l'Etat, perdue dans son isolement, la commune a besoin d'appuyer son existence légitime, non sur l'arbitraire d'une tutelle oppressive, mais sur un ensemble d'autres existences analogues, reliées entre elles par la similitude des intérêts et des origines. Cet ensemble, le canton le réalise. Personnifié, au début, dans l'admirable institution des Juges de Paix, alors que ces fonctions n'étaient pas encore tombées dans le domaine de la politique, et qu'elles demeuraient l'apanage respecté d'une honorabilité sans tache, l'organisation cantonale centralise, en effet, toutes les aspirations éparses, et leur donne un caractère d'homogénéité qui en fortifie l'expression.

Cette personnalité du juge de paix, ramenée à son principe et dotée de quelques attributions de plus, pourrait devenir le pivot de la combinaison nouvelle en groupant sous son contrôle général le fonctionnement quotidien des services locaux reliés, chacun, à sa direction spéciale, sans l'intervention en sous-ordre de cette hiérarchie intermédiaire à laquelle la sous-préfecture sert de prétexte et d'abri. D'où, pour le contribuable, double profit : rapports mieux définis et plus immédiats avec une autorité mieux en état elle-même de le satisfaire, et notables économies procurées par la suppression des emplois superflus.

Pour répondre d'une manière définitive à toutes les exigences, cette refonte de notre système administratif réclamerait, il est vrai, une première mesure sans laquelle l'harmonie de l'édifice tout entier risquerait d'être compromise. La hâte apportée par l'Assemblée nationale de 1789 à l'organisation communale entraîna fatalement avec elle bien des erreurs, bien des lacunes, qui n'ont pu, jusqu'alors, et ne peuvent toujours, recourir légalement qu'à des remèdes accidentels. Là, des communes sans vitalité, sans ressources, où la population mâle fournit à peine le contingent indispensable à la composition du Conseil municipal, ont été condamnées au sort précaire d'une individualité sans raison d'être. Ailleurs, des centres que les relations, la proximité, les habitudes rattachaient naturellement au chef-lieu d'une commune, s'en sont vus arbitrairement séparés pour devenir, de par la loi, parties intégrantes d'une autre. La décision officielle a-t-elle, du moins, prévalu depuis dans les usages et dans les mœurs? Nous savons tous le contraire; et les églises, les écoles de nos villages continuent à servir journellement d'asile à des hommes ou à des enfants dont les ancêtres venaient déjà y prier ou s'y asseoir, bien qu'ils y soient désormais des étrangers eux-mêmes.

Revenir sur les circonscriptions communales actuelles pour les mieux approprier, là où elles les blessent, aux traditions séculaires, aux exigences journalières de la vie civile ou religieuse des populations, serait assurer à l'organisation à venir sa consécration la plus immuable et la plus éclatante. Le développement de l'existence cantonale y trouverait, sans autre effort, sa plus solide garantie, et, par une déduction logique, la stabilité même des institutions supérieures qui en doivent être le couronnement rationnel.

C'est au département, organisé et maintenu tel qu'il est, mais avec la disparition des sous-préfectures et de leurs corollaires, qu'il faut continuer à demander celles-là. Entré dorénavant dans nos mœurs politiques, base de notre équilibre national, il serait difficile, impossible peut-être, et à coup sûr mal à propos de le proscrire. Toutefois, de quelques-uns de ces départements groupés en un faisceau régional, et au-dessus d'eux, pourquoi ne pas constituer d'autres unités plus vastes, plus homogènes dans leur ensemble, où les besoins généraux et similaires d'une contrée, avec plus de sécurité, éveilleraient des échos et provoqueraient une impulsion qui ne sauraient être les mêmes au Midi comme au Nord, et dont, pour cette cause, notre organisation actuelle leur refuse le bénéfice?

Tout en respectant l'œuvre de la Constituante de 1789 dans ce qu'elle eut de salutaire, cette résurrection de la vie provinciale, affranchie par le travail d'un siècle, de ce que des préjugés vieillis auraient pu, au fond des traditions, laisser subsister de dangereux pour l'unité de la patrie, permet-trait de porter un regard plus équitable sur la masse de ces intérêts auxquels la disposition des lieux, l'histoire des temps, la communauté des tendances, l'analogie des besoins, ont ménagé, dans le passé, une associa-tion naturelle toujours persistante, parce qu'elle découle de lois autrement inexorables et d'une durée autrement impérieuse que celles dont des conceptions officielles ont enfanté les textes.

Les affaires de cinq ou six départements ainsi réunis par le lien raisonné de cette solidarité native y perdraient-elles, avant d'être souverainement discutées à Paris, à se voir, au préalable, examiner et préparer, sur place, au chef-lieu d'une province qui en centraliserait l'étude, sans que la solution en soit subordonnée à des considérations étrangères ou prévenues? Croyez-vous que le bien général de la France aurait à en souffrir? Et, pour ne citer qu'un exemple, pensez-vous que cette œuvre de défense nationale et de prospérité publique qui se nommera un jour le canal des Deux-Mers, n'eût pas offert déjà, depuis longtemps, à l'épargne française, un débouché plus fécond, et surtout moins compromis, qu'à Panama ou ailleurs, si Toulouse ou Bordeaux eussent été appelés d'abord à se prononcer effectivement en la question?

L'institution des corps d'armée régionaux n'est pas autre chose que notre idée même appliquée à l'organisation militaire. Nous la retrouvons encore dans l'organisation judiciaire, dans l'organisation universitaire. Sur ces terrains multiples, les avantages en sont reconnus. Seraient-ils moins vrais dans le domaine de l'administration civile proprement dite?

Ce que furent, jadis, les arrondissements sous-préfectoraux, alors que la difficulté des communications rendait indispensable sur les lieux l'initiative agissante d'un représentant du pouvoir, les départements en prendraient la place dans le cadre agrandi de la circonscription régionale. Sans être dépouillés de leurs propres conseils généraux, dont les attributions n'auraient point à subir d'atteinte, parce qu'elles sont déterminées, ces groupes de départements bénéficiant, au contraire, de la secousse puissante imprimée, jusque dans les détails de leur essor, à la mise en jeu particulière de tous les intérêts de la région, en rencontreraient la garantie commune, au sein d'une seconde assemblée, siégeant à la province, pour en demeurer la sauvegarde, en assurer le développement, et soustraite par le principe même de son recrutement, comme de son origine, aux luttes néfastes des parti-pris de la politique.

Elues d'après des sectionnements conformes à la diversité des fractions régionales, et en vertu de cette provenance, désignées, malgré elles en quelque sorte, à un rôle, par dessus tout, économique et pondérateur, ces assemblées, — ces sénats provinciaux, si l'on veut, — pourraient, ensuite, à l'issue de leurs sessions périodiques, se retrouver à Paris dans une assemblée unique, plus générale et plus durable.

Et rajeuni alors à une source nouvelle, sorti, aussi bien que la Chambre des Députés, mais dans des conditions différentes, des entrailles du suffrage universel, l'œil, mieux que tout autre, ouvert sur les horizons à élargir des libertés publiques et de la richesse nationale, ne serait-ce pas là, vraiment, le Sénat de la France, le mandataire incontesté de ses vœux et de sa volonté, l'auguste et fidèle gardien de son unité, de sa fortune et de sa grandeur, le calme représentant de sa force!... Ne serait-ce pas là l'image suprême de la patrie!...

En jetant dans ces lignes l'expression de notre pensée, nous avons essayé, tout en nous inspirant assez du passé pour y puiser des leçons, de ne pas nous y attarder trop longtemps à des regrets stériles ou à des comparaisons vaines. Nous aussi, nous sommes les fils de 89, et savons nous tourner vers l'avenir, parce que, chez les peuples, là est la vérité, là est la liberté... Et c'est en s'unissant pour glorifier l'une, pour défendre l'autre, que nos efforts parviendront à le rendre fécond.

DENIS DE RIVOYRE,

Ancⁿ s.-préfet de Toulon.

DEUXIÈME CHAMBRE

ANNEXE C

RÉCLAMATION DEMANDANT

L'ÉGALITÉ DES FRANÇAIS DEVANT L'IMPOT

FORMULÉE

Par M. Gustave de PRADELLE,

ANCIEN PRÉFET, MEMBRE DU CONSEIL GÉNÉRAL DU LOT

J'ai l'honneur de proposer à l'Assemblée provinciale de voter la résolution suivante :

Vu l'ouvrage dressé par les soins de M. le Ministre des Finances et intitulé : *Nouvelle évaluation du Revenu foncier des Propriétés non-bâties*, Imprimerie nationale, 1883 ;

Vu l'ouvrage dressé par les soins de M. le Ministre de l'Intérieur et intitulé : *Situation financière des Communes* (Melun, Imprimerie administrative, 1888) ;

Considérant que de ces deux documents officiels réunis, il résulte que l'Impôt foncier est à ce point inégalement réparti en France, que, alors que, par exemple, pour un champ rapportant 100 francs de revenu net, tout contribuable de la commune de Gruissan (Aude) paie, d'Impôt foncier (principal et centimes additionnels compris), 1 fr. 15, tout contribuable de la commune de Montussan (Gironde), paie 70 francs ;

Que le premier de ces deux mêmes documents établit que, d'une manière générale, pour un champ rapportant 100 francs de revenu net, le contribuable français paie, en moyenne, de principal d'impôt foncier, 4 fr. 49 ;

Que le même document établit encore que les contribuables de 46 départements paient au-dessus de 4 fr. 49 pour cent, et, par suite, paient trop, et les contribuables des 41 autres départements au-dessous de 4 fr. 49 pour cent, et, par suite, paient trop peu ;

Que la somme payée en trop par les premiers et en trop peu par les seconds s'élève à 11 millions ;

Que, en conséquence, 46 départements paient, chaque année, 11 millions qu'ils ne doivent pas, à la place des 41 autres départements qui doivent ces 11 millions et ne les paient pas ;

Que, en outre d'une iniquité déjà si grave, une autre, plus grave encore, découle de ce point de départ ;

Que, en effet, de l'inégalité dans le taux du principal de l'impôt et par suite dans le taux du centime (le centime n'étant autre chose que le centième du principal), il résulte ce fait que, du haut au bas de l'échelle administrative, l'administration française, sous le couvert de la justice, de la raison, et de l'abolition des privilèges, pratique la plus cruelle des injustices, la plus criante des erreurs, le plus exorbitant des privilèges au profit des riches contre les pauvres ;

Que, pour s'en convaincre, il suffit de remarquer que la dite administration, sous couvert de distribuer aux particuliers, aux communes et aux départements, proportionnellement à leur pauvreté, les subventions, indemnités, secours, etc., de l'État, les distribue proportionnellement à la faiblesse de leurs impositions, alors que cette faiblesse provenant, pour la plus grande part, de ce qu'ils sont imposés à un taux inférieur au taux équitable, est le plus souvent une marque non de pauvreté relative, mais de richesse relative ;

Que, ainsi, par exemple, en ce qui concerne les particuliers, l'assistance judiciaire (considérée comme de droit pour quiconque paie au-dessous de 10 francs d'impôt) est accordée à tout habitant de Gruissan (Aude) ayant, de revenu foncier, 850 francs, tandis qu'elle est refusée à tout habitant de Montussan (Gironde) n'ayant de revenu foncier que 15 francs, et cela parce que le premier taxé à 1 fr. 15 pour cent (principal et centimes compris), ne paie que 0 fr. 80 d'impôt, tandis que le second, taxé à 70 francs pour cent, en paie 10 fr. 50 ;

Que, semblablement et pour le même motif, un secours pour cause de grêle, d'inondation, de perte de bétail, etc., ou encore l'exemption du service militaire à titre de soutien de famille, sont accordés de préférence, toutes choses étant égales d'ailleurs, à un habitant de Gruissan ayant, de revenu foncier, 850 francs, alors que le dit secours pour cause de grêle, etc., ou la dite exemption du service militaire sont refusés à un habitant de Montussan ayant, de revenu foncier, seulement 15 francs ;

Que de même, en ce qui concerne les communes, les subventions données pour églises, presbytères, mairies, écoles, etc., et celles données pour chemins vicinaux notamment en vertu de la loi du 12 mars 1880, sont d'autant plus élevées que le centime communal est plus faible, alors qu'ici également là faiblesse du centime provient, pour la plus grande part, de la même cause ;

Que, de même encore, en ce qui concerne les départements, les subventions données sur le fonds dit *Fonds commun* ou *Fonds de subvention*, comme celles données pour chemins vicinaux, notamment en vertu de la loi précitée du 12 mars 1880, sont, elles aussi, d'autant plus élevées que le centime départemental est plus faible, alors que ici encore la faiblesse du dit centime provient, en majeure partie, de ce que le taux de l'impôt est inférieur au taux équitable ;

Que, en ce qui touche spécialement les deux départements du Quercy, savoir le Lot et le Tarn-et-Garonne, taxés, le Lot à 5 fr. 61 pour cent, et le Tarn-et-Garonne à 5 fr. 11 pour cent, c'est-à-dire bien au-dessus du taux moyen 4 fr. 49 pour cent, il résulte pour eux de cette iniquité : 1° que les contribuables de ces deux départements paient, chaque année, ceux du Lot, 225,627 francs, et ceux du Tarn-et-Garonne, 175,077 francs, qu'ils ne doivent pas, à la place des contribuables d'autres départements qui doivent ces 401,304 francs et ne les paient pas ; 2° que ces mêmes contribuables sont cruellement lésés en tout ce qui est secours pour cause de grêle, d'inondation, de perte de bétail, etc., au bénéfice de contribuables d'autres départements ; 3° qu'ils sont également lésés en tout ce qui est subvention aux communes, églises, presbytères, mairies, écoles, chemins vicinaux, etc.; 4° enfin, qu'ils sont encore lésés en tout ce qui est subvention aux départements tant sur le fonds dit *Fonds commun* que sur la caisse des chemins vicinaux ;

Considérant, d'autre part, que les chiffres ici donnés ont été établis par l'administration des Contributions directes d'après le Cadastre et les actes de vente, baux et locations verbales des onze années précédentes ;

Que, par suite, du chef du personnel enquêteur aussi bien que du chef des éléments ayant servi à l'enquête, les dits chiffres présentent, tant au point de vue de l'exactitude que au point de vue de la proportionnalité, soit par départements, soit par natures de terrain, toutes les garanties qu'il est possible d'exiger ;

Que, d'ailleurs, les résultats ainsi obtenus étant sensiblement les mêmes que ceux obtenus dans les enquêtes analogues faites en 1821, 1854, 1862 et 1874, par la même administration et à l'aide de documents semblables, il en résulte en leur faveur une preuve matérielle leur donnant un caractère de certitude aussi grand que puissent le comporter les choses humaines ;

Que, au surplus, il n'importe en rien de savoir si l'Impôt Foncier, établi d'après ces données, sera établi d'une façon parfaite, mais seulement de savoir s'il ne sera pas établi d'une façon moins défectueuse qu'il ne l'est avec les données actuelles, lesquelles, très antérieures à 1789, remontent, pour l'ossature principale, au règne de Charles VII et ont été adoptées sans documents statistiques aujourd'hui valables ;

Que la réponse à la question ainsi logiquement et justement posée n'est pas un instant douteuse ;

Considérant, en outre, que, ainsi que le disait M. Léon Say, alors ministre des finances, dans l'exposé des motifs de son projet de loi sur le Cadastre inséré au *Journal Officiel* du 10 juin 1879, il n'est nullement utile de refaire le Cadastre pour arriver à égaliser les contingents départementaux (et par suite les contingents individuels, éléments constitutifs des contingents départementaux) ;

Que, du reste, la seule partie du Cadastre à refaire pour cette égalisation, ne saurait être le mesurage des parcelles de terre, mais seulement l'évaluation du revenu de ces parcelles, et que les chiffres résultant de l'enquête ne sont autre chose que cette évaluation refaite, de 1870 à 1883, commune par commune, nature de terrain par nature de terrain, et cela, à l'aide des seuls agents et par le seul procédé susceptible de donner des résultats pratiques, l'emploi des répartiteurs locaux, précédemment essayé à plusieurs reprises, ayant dû être écarté sans rémission ;

Que, par suite, la seule chose à faire, pour le but à poursuivre ici, est non de refaire à nouveau le Cadastre, puisqu'en réalité il vient d'être refait de 1870 à 1883, mais seulement de s'en servir ;

Que le mouvement national de 1789 a, avant tout et surtout, eu pour but d'établir l'égalité des Français devant l'impôt ;

Que depuis 1789 l'inégalité signalée ici a été constatée cinq fois officiellement, savoir : en 1821, 1854, 1862, 1874 et 1883 ;

Que, par suite, tous délais et au delà ont été épuisés pour y mettre fin ;

Que tous les Français doivent, conséquemment, sans plus de retard, être taxés soit au taux moyen de 4 fr. 49 pour cent, soit au taux du département le moins imposé, lequel est (après la Corse) l'Aude, taxé à 2 fr. 50 pour cent ;

Que si le gouvernement, par crainte de mécontenter les 41 départements aujourd'hui favorisés injustement, ne croit pas pouvoir adopter le premier de ces deux taux, 4 fr. 49 pour cent, il doit nécessairement adopter le second, 2 fr. 50 pour cent ;

Que, en ce qui concerne spécialement les deux départements du Quercy, Lot et Tarn-et-Garonne, c'est pour eux non seulement un droit mais encore un devoir de demander avec la plus vigoureuse énergie que le gouvernement se décide à adopter le taux de 2 fr. 50 pour cent, puisque malgré les réclamations que le Conseil général du Lot formule depuis six ans et celui du Tarn-et-Garonne depuis trois ans, il se refuse à adopter le taux de 4 fr. 49 pour cent.

Considérant enfin que l'iniquité signalée n'est aujourd'hui supportée sans plaintes que parce qu'elle est ignorée de la presque unanimité des contribuables ;

Que tabler sur cette ignorance pour prolonger la dite iniquité serait ajouter l'abus de confiance à l'injustice ;

L'ASSEMBLÉE PROVINCIALE REPRÉSENTATIVE DU QUERCY

Vote la résolution suivante :

Une réclamation formelle est portée devant les Pouvoirs publics, la dite réclamation tendant à ce que :

Le principal de l'Impôt foncier des contribuables du Lot et de ceux du Tarn-et-Garonne soit abaissé de 5 fr. 61 pour cent et 5 fr. 11 pour cent, leurs taux respectifs actuels, à 2 fr. 50 pour cent, taux moyen des contribuables de l'Aude.

ANNEXE D

ÉTUDE DE M. GRAS

ANCIEN ÉLÈVE DE L'ÉCOLE POLYTECHNIQUE

Sur l'organisation du suffrage universel.

Dans l'ancienne société française (qu'il ne faut pas confondre avec la société en décadence qu'on appelle l'ancien régime), des classes ou même des familles — organisées pour servir gratuitement le pays en échange de privilèges particuliers — assuraient la marche de la plupart des services publics.

Mais, déjà bien avant 1780, et sous l'influence des légistes, aidés par Richelieu et Louis XIV, la bureaucratie, le fonctionnarisme remplacent l'ancienne organisation, et l'État gagne en puissance ce que les corps constitués : provinces, communes, corporations, perdent en indépendance et en utilité sociale.

Les privilèges, qui ne répondent plus à des services rendus, deviennent alors une des causes principales de la ruine de l'ancien régime.

A l'heure présente, dans notre société centralisée, chacun a accès aux emplois publics dont l'État est seul dispensateur. Avec le suffrage universel, au lieu d'être une lourde charge, le pouvoir est un privilège recherché et avantageux qu'on veut à tout prix conserver, et comme l'occuper c'est avoir la libre disposition des places, que disposer des places, c'est avoir le moyen de récompenser les services électoraux et de conserver le pouvoir, les privilèges de l'ancien régime sont remplacés par un favoritisme éhonté, par l'oppression des minorités, par la curée des fonctions de l'État, par l'antagonisme violent des partis, et par la disparition de tout patriotisme.

Cette situation est aussi dangereuse pour la France d'aujourd'hui que les privilèges l'étaient pour la France de l'ancien régime.

Faut-il pour y porter un remède cesser de s'appuyer sur la démocratie ? Personne n'y songe. Chacun doit suivant son mérite être accessible aux emplois, mais l'organisation sociale doit être, indépendamment de la forme du gouvernement, assez forte pour arrêter les ambitieux et détruire l'esprit de parti.

Peut-on concilier ensemble ces diverses conditions ? L'homme n'a pas changé, et l'histoire des peuples prospères de l'antiquité nous servira peut-être à trouver le meilleur système.

Ce n'est ni à Rome, ni à Sparte que nous irons chercher nos modèles ; aucune de leurs organisations ne saurait nous convenir ; mais plutôt à Athènes où la sagesse de Solon semble avoir tout prévu.

L'Assemblée populaire y décidait en principe toutes les mesures d'intérêt public, mais pour la soustraire à l'influence des rhéteurs, le conseil des cinq cents préparait mûrement ses délibérations.

Les membres de ce conseil étaient pris en nombre égal dans chaque tribu, et *désignés par le sort* parmi les hommes remplissant les conditions d'âge et de capacité exigées par la loi.

Bien évidemment, les éléments dont nous disposons sont bien différents. Il n'y avait à Athènes que vingt mille hommes libres, ayant seuls le droit de suffrage dans les assemblées populaires.

Aujourd'hui, au contraire, avec une masse bien plus considérable, toutes les classes devront être représentées, mais, du système athénien nous croyons devoir retenir le fait saillant du tirage au sort qui évite les luttes entre citoyens, et nous nous hasardons à proposer en conséquence ce qui suit :

PROJET DE MODE ÉLECTIF.

1° *Conseillers municipaux.* — Comme l'impôt est la force relative que chacun apporte dans les intérêts communaux, il suffit de dresser la liste des personnes domiciliées dans la commune en commençant par le plus fort imposé et en terminant par le plus faible. Après avoir mis le montant de l'impôt en regard de chaque nom, on n'a qu'à faire le total et à le diviser en trois parties égales. On forme ainsi trois classes ou catégories de citoyens. Pour chacune d'elles on tire de l'urne le même nombre de conseillers sachant lire et écrire et on en fait sortir autant de suppléants. Ce double conseil pourrait désigner maire et adjoints. Ce mode est de la plus grande simplicité et immédiatement applicable. C'est un suffrage universel plus équitable, sans bruit, sans intrigues, qui ne fatigue pas les électeurs et ne provoque pas d'abstentions.

2° *Conseillers généraux.* — Les impôts communaux doivent servir de base pour la nomination des conseillers généraux et non les impôts individuels. Établir dans le canton un nombre déterminé de circonscriptions d'une importance à peu près égale par l'impôt, à l'aide de communes jointives, par exemple trois. Dans chacune d'elles, rechercher les personnes ayant une instruction suffisante pour comprendre les rapports préfectoraux : bacheliers, maires ayant exercé dix ans, anciens administrateurs, etc... Tirer au sort dans chaque circonscription. Le nom sorti de l'urne serait conseiller général. On peut aussi réduire le canton à une seule circonscription.

3° *Conseillers provinciaux.* — Les conseillers d'arrondissement sont parfaitement inutiles, tandis que plusieurs départements groupés peuvent avoir des intérêts communs dans l'ensemble du territoire français. Il y aurait ainsi un certain nombre de circonscriptions provinciales, de même qu'il existe des circonscriptions analogues pour la magistrature et pour l'armée. Il est plus facile sur cette étendue de constituer divers groupes sociaux : Agriculteurs, industriels, commerçants, etc... Cette assemblée aurait le rôle très important de classer ces groupes dans la circonscription et de préparer les élections législatives. Elle serait aussi nommée par la voie du sort avec des conditions plus sévères sur la capacité des concurrents.

4° *Députés.* — Ici la question change de face. Les députés s'occupent non seulement de questions financières, mais aussi de législation. Au lieu d'une assemblée composée de membres qui discutent et votent à la fois sur des intérêts souvent partiaux, la réunion des députés doit être muette comme un jury représentant le peuple et qui vote après avoir entendu les orateurs choisis par les délégués de chaque classe ou groupe social.

Les éligibles à la députation devraient être pris dans toutes les classes ou groupes sociaux parmi les personnes réunissant les conditions de capacité suffisantes. Le sort aurait à décider la nomination de chaque député sur les listes dressées par l'assemblée provinciale.

5° *Sénateurs.* — Les sénateurs devraient être pris dans les diverses classes de la société, magistrats hors d'emploi, généraux en disponibilité, anciens administrateurs, les uns et les autres nommés par leurs pairs ou tirés au sort. Il y aurait à leur adjoindre les agriculteurs, les industriels, les commerçants émérites... désignés par les conseillers provinciaux et par le sort. On pourrait peut-être admettre que le tiers des membres fût élu par le chef de l'État pour y représenter sa force qui, dans le système actuel, ne se retrouve nulle part.

Après toutes ces modifications au système actuel, d'où pourraient naître les questions politiques qui jettent maintenant la division dans la société ? Le problème consiste à détruire l'esprit de parti et à écarter entre citoyens ces dissentiments qui ont amené la guerre récente et qui ont failli être funestes à l'unité nationale. Plus de haine, plus de jalousie politique, plus d'abstentions, enfin plus de ces sourdes menées dont les politiciens se servent comme d'une industrie lucrative.

Sans doute, si on pouvait former une administration composée de personnes essentiellement honnêtes, on aurait un résultat préférable. Mais comment mesurer l'honnêteté ? Ce ne sont pas les ignorants et les pauvres, accessibles aux promesses, qui peuvent choisir les désintéressés ou apprécier le savoir. D'un autre côté, si on laissait ce soin aux personnes aisées, la démocratie se plaindrait vivement. Le mode de suffrage actuel est appelé faussement *universel*. Il y a, en général, 25 0/0 d'abstentions. La majorité, qui est souvent le résultat de l'intrigue, peut changer et passer aux extrêmes.

La représentation proportionnelle est une amélioration ; mais elle est difficile à saisir par le vulgaire et exige le scrutin de liste.

Le système projeté réalise le suffrage universel démocratiquement appliqué. Il est si nouveau pour le public que son adoption serait difficile sans une étude approfondie. Il pourrait cependant être immédiatement suivi pour la formation du conseil municipal à cause de sa grande simplicité.

Nous avons sondé l'esprit public sur ce mode particulier de vote. Aucune objection n'a été formulée. Il est accueilli favorablement par les personnes indépendantes et par l'électeur vulgaire qui, fatigué d'obsessions, voit ainsi l'espoir d'entrer dans une assemblée municipale. Ce système n'empêche pas les citoyens d'une même classe de se réunir pour que certains d'entre eux refusent et que d'autres acceptent de préférence les fonctions dévolues par le sort. Appliqué seulement aux élections communales, il aurait comme résultat important de ne pas ouvrir la carrière aux partis et de donner plus de liberté et plus d'indépendance. On comprend néanmoins qu'il doit être généralisé afin d'écarter les caractères mendiants et ambitieux qui, en développant l'esprit de parti dans les populations, finissent par ébranler tout gouvernement sérieux.

JULES GRAS

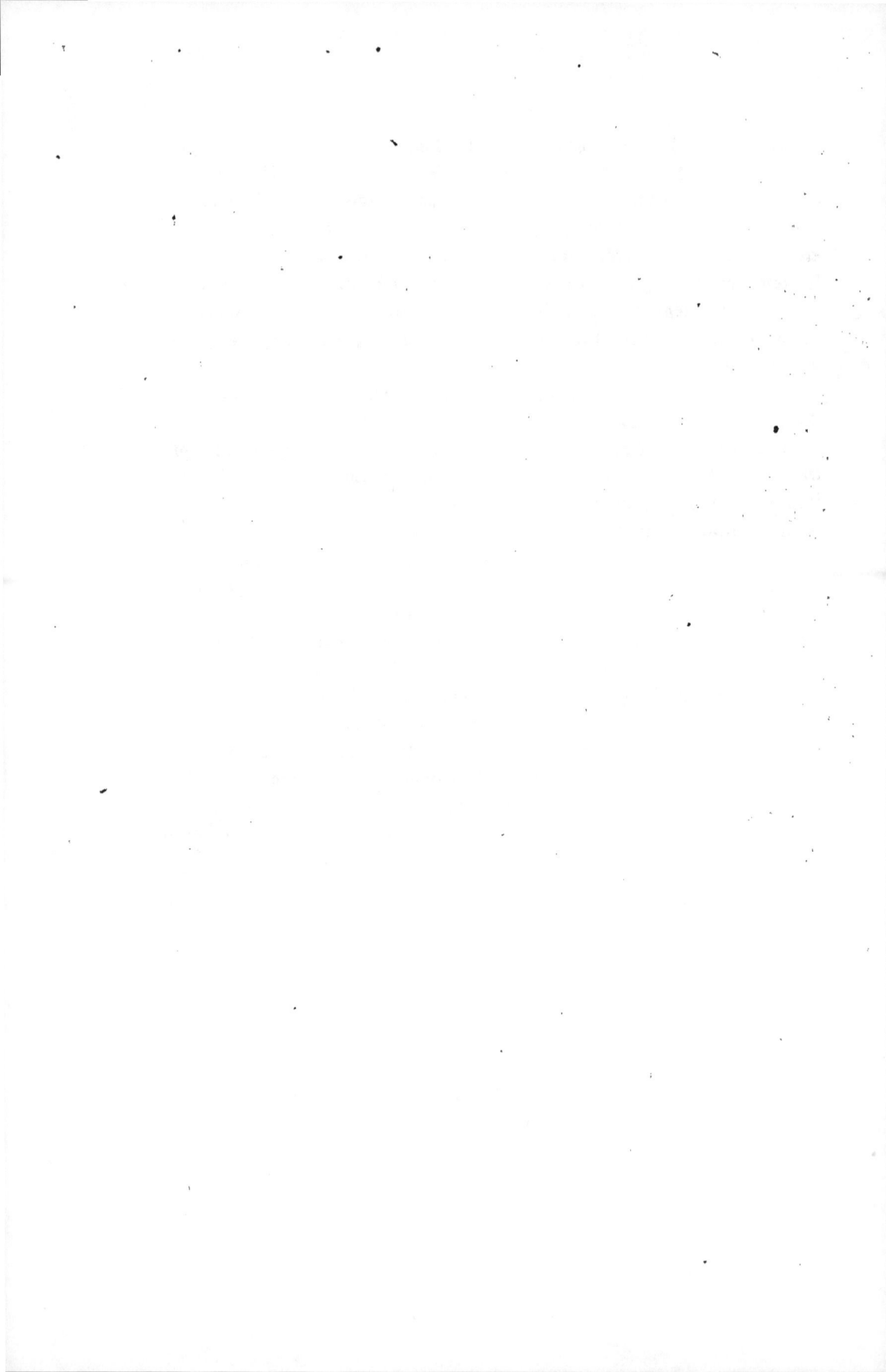

TABLE DES MATIÈRES

QUATRIÈME PARTIE

ANNEXES

Toulouse.. — Imprimerie Saint-Cyprien.

www.ingramcontent.com/pod-product-compliance
Lightning Source LLC
Chambersburg PA
CBHW072047080426
42733CB00010B/2018